高敏人的優勢練習課

認同自己的「敏感力」，發揮內在力量的天賦使用說明

武田友紀——著

張婷婷——譯

前言

你的敏感，是「幸福的接收器」

這本書，**是要讓敏感的人了解如何利用他們纖細的感性，發掘每一天的「美好事物」，充分品嘗幸福滋味。**

我認為，高敏人（或稱「高敏感族」）正因為擁有纖細的感性，所以有許多能深入享受的幸福，在這本書中，我會介紹高敏人超棒的優點，以及能增加幸福感的小小練習。

高敏感，是我們的優勢！

正在看這本書的你，是否曾經有過像下列這樣的想法？

「我總是會在意一些周圍的人並不在意的小事。」

「為什麼我總是能輕易感受到對方的心意，或是僅僅些微的異樣感？」

「我真希望自己的神經可以更大條一點！」

敏感的人不只對於光線、聲音、他人的情緒等等，也經常會察覺到一般人不會注意的支微末節。由於感受到的量太大，因此容易覺得疲憊、身體狀況也容易被精神壓力影響。

每天光是活著就覺得筋疲力竭了，**「如果我能遲鈍一點的話，就可以活得更輕鬆自在些了。」**——會這麼想也不是沒道理。

但是這種「敏感」，也是一個感受幸福的重要感性：只因是晴天，就感覺開心；只要身旁的人稍微親切一點，就覺得感動。因為纖細的感性，讓你也容易察覺到每天小小的「美好」，而能深刻地有所感受。

那麼「敏感的人」具體來說是指什麼樣的人呢？

在本書中說「敏感的人」，是以美國心理學家伊蓮·艾融博士（Elaine N. Aron）所提出的HSP（Highly Sensitive Person）的概念為基礎。就像每個人的身高長得高或矮一樣，對刺激的敏感度也因人而異，而有些人就是「天生敏感的人」。

HSP在日本被翻譯為「非常敏感的人」或「過度敏感的人」，但是我用親切一點的方式，稱為「高敏人」。

我認為這個稱呼有其重要意義。坦白說，對於本身也是高敏人的我，被稱為「過度敏感的人」感覺並不舒服。**我是將自己的敏感視為一個優點，而不是應該克服的問題**。這是我的出發點。

因此從現在開始，我決定稱呼你為「高敏人」。

還沒來得及自我介紹，我是HSP專業諮商師武田友紀。我原本在一家製造商工作，是一個技術工作者，但因為精神壓力太大而離職，也因此開始研究高敏人的心理。

在那之前，我一直被自己的感受折騰得疲憊不堪，之後，我選擇不再繼續忍受這些精神壓力，當我覺得**「要更珍惜包括這種敏感度在內的自己」**時，人生就有了重大的改變。

我開始透過自己纖細的感性，充分感受每天的幸福，而現在則以HSP專業諮商師的身分，接受高敏人來諮商有關工作與人際關係的種種問題，並且撰寫有關高敏人的文章。

更容易感受到幸福，是一種獨特

因為敏感，所以更能品味幸福！過去曾有超過七百位的高敏人朋友來找我諮商，在活動等場合上接觸的高敏人更超過一千三百位。

透過對高敏人的諮商工作，我發現，**「高敏感的人，會因為重視自己的敏感特質而變得越來越有活力」**。

對天生纖細敏感的「高敏人」而言，這種敏感是重要的一部分。叫敏感的人變得遲鈍一點，就像是叫個子高的人把身高縮短一樣，不但不能發揮他們與生俱來的優點，反而還會使他們喪失自信。

為了讓自己遲鈍一點而關閉心扉，在生活中變得難以感受喜悅與心動，變得心靈乾涸，進而陷入不知道什麼是快樂，只是淡淡地把該做的事情做完就結束的乏味狀態。

察覺到「敏感」的優點，把注意力放在**「令你內心喜悅的事物」**及**「自己

真實的想法」，就會增加幸福的時光。比如說，觀察到身旁友人的溫柔體貼或是春日下綠葉的光澤，又或者吃到細心料理所帶來的好滋味，內心都會湧現一股靜靜的雀躍……。

接受自己的敏感是優點之後，你的感性會綻放，世界看起來更加繽紛燦爛，因為你懂得充分品味身邊的「美好事物」。

增加幸福感的重點有兩個，**（1）跳脫成果主義，找出可以讓自己去感受或是享受的時間，以及（2）敏感要先為了自己的幸福而運用。**

我將逐步引導，讓你每天都能覺得「敏感是件好事」、「感受事物真是快樂」而欣喜雀躍。

還有，這本書將會充分傳達「高敏人的優秀之處」，但這並不是在與不敏感的人比較孰優孰劣。

敏感的人或是不敏感的人，並沒有優劣之分，而是他們「有所不同」。高敏感度的人跟不敏感的人之間，其實各有各的優點（例如，不敏感的人就算在慌亂的情況下，也能冷靜沉著地作出決斷）。

關於非高敏人的優點，就交由其他人來書寫，而這本書則是為了高敏感族而寫、告訴他們自己的優點和優勢。每個人都有不同之處，希望你能了解，人人都要懂得珍惜自己的優點。

那麼我們就來進入正文吧，歡迎來到充分感受幸福的世界！

前言

序章 善用你的高敏感天賦

第一章 感受的幸福

第二章

直覺的幸福

第三章

深入思考的幸福

第四章

表現的幸福

第五章

良知的幸福

第六章

共鳴的幸福

結語

序章

PROLOGUE
繊細さんって
どんな人？

善用你的
高敏感天賦

什麼是高敏人？

在告訴各位如何利用天生的敏感，接收日常更多的幸福之前，我把全世界第一位提出「高敏感特質」的心理學家艾融博士的理論，加上自己的解釋，簡單介紹什麼是「高敏人」。

每五人之中，就有一個高敏人

「跟別人在一起，時間一長就覺得很累。」
「身邊要是有人心情不好，就覺得緊張。」

「很在意小地方，做起事情來很花時間。」

「很容易累，精神壓力容易表現在身體狀況上。」

你有沒有以上這樣的狀況呢？

像這樣敏感纖細的人，經常會留意到一些旁人都沒發現的小地方。敏感的人擁有易感的體質，長期下來會被人認為「太過在意」、「太認真了」等，被誤會是因為個人性格所導致的。然而，根據美國心理學家伊蓮・艾融所進行的調查得知，**每五個人當中就有一個「天生敏感的人」**。

敏感纖細是與生俱來的特質，就像天生長得高的人一樣，我們發現有人「天生就很敏感」。

艾融博士表示，敏感的人跟不敏感的人（亦即「非敏感族」，在本書中稱為「非高敏人」），差別在於腦神經系統有所不同。

在接受到光線或是聲音刺激的時候，每個人神經系統的亢奮程度會有所差別，而敏感的人比起不敏感的人，對刺激的反應更加敏銳。

不只是人類，馬或是猴子等高等動物，也有百分之十五至二十的個體會對刺激有敏銳的反應。想必是為了讓物種延續生存，才會生出性格較為慎重的個體來吧！

敏銳天賦，與生俱來

此外也有研究指出，敏感是從嬰兒時期就有的特質。

根據哈佛大學心理學家傑洛姆・卡根（Jerome Kagan）的調查，約有百分之二十的嬰兒在受到刺激時手腳會有大動作，或是像想逃走似的弓起背來哭泣等等，對刺激產生敏銳的反應。

當暴露在同樣的精神壓力下，他們的大腦內會分泌出較多使神經亢奮的相關物質（正腎上腺素）；還有，神經亢奮或警戒時所分泌出的一種荷爾蒙「皮質醇」，也會比其他的孩子分泌得更多。

總之，會對高敏人形成刺激的來源相當多種。

人的感情、現場的氣氛、光線與聲音、氣溫等環境的變化這種「自己以外的東西」自然是不用說，身體的狀況和自己的心情、新的點子等「發生在自己內部的」也經常能感受到。

有的人對聲音敏感，也有的人對他人的情緒很敏感，感受的對象或程度雖然有個人差異，但**這樣的敏感，自然也成為我們在人際關係上，以及在工作或身體狀況等生活方面的基本模式。**

你是高敏人嗎？ＨＳＰ診斷測驗

那麼，什麼樣的人才是「高敏人」？以下就是艾融博士的ＨＳＰ自我診斷測試。

下面的問題請依照直覺回答，只要稍微符合，就請回答「是」；完全不符合，或者是不太符合，就請回答「不是」。

□ 很容易察覺自己身邊環境的細微變化
□ 會被別人的心情影響
□ 對痛覺很敏感（怕痛）

□當忙碌的日子一直持續，會很想要有一張床或是昏暗的房間這種私密空間，把自己關進可以逃離刺激的地方
□對咖啡因反應敏感
□難以忍受過度明亮的光線，或強烈的氣味、粗糙的布料、警笛聲等
□有豐富的想像力，容易耽於幻想
□很容易被噪音干擾
□心靈會因為美術或音樂深受感動
□很有良知
□很容易受到驚嚇
□在短期間內必須做很多事情的時候，就會陷入混亂
□當別人有任何不適時，很快就會察覺到該怎麼做才能讓對方覺得舒服（例如調節燈光明暗或是換座位等）
□不喜歡一次被拜託做很多事情
□會很小心避免犯錯或忘記東西
□會盡量避免看暴力的電影或電視節目

□當身邊發生太多事情的時候，就會覺得不愉快、神經緊繃
□肚子餓、無法集中精神的時候，就會產生心情不好的強烈反應
□生活有了變化之後就會覺得混亂
□喜歡雅緻的香味或氣味、聲音或音樂等
□避開讓自己心煩意亂的狀況，是日常生活中最優先的事
□工作時被要求競爭或被觀察的話，就會覺得緊張，無法發揮平時的實力
□小時候，父母或老師就覺得你「很敏感」或是「內向」

以上的問題裡面，如果有超過十二個以上的「是」，恐怕你就是屬於ＨＳＰ了。不過，任何心理測驗都不如實際生活中的經驗來得正確，就算你只有一兩個「是」，但是那一兩個「是」的程度若是極端強烈，那你或許也是ＨＳＰ。

※以上問題出自伊蓮．艾融所著《高敏感族自在心法》（*The highly sensitive person*）。

高敏人的四大特質

根據艾融博士的說法，高敏人的特質在根本上必然存在「DOES」四個面向。如果以下四個當中有一個不符合，恐怕你就不是「高敏人」。

D：深入處理／深入思考（Depth）

在第一時間就能感受到各種事物，並深入思考別人通常不會想的事情。著眼於複雜的或細微的事務，相較之下，會更傾向於思考「事物的本質」，而非表面上的事。

O：容易受到過度刺激（Overstimulation）

由於要處理比別人更多的感知輸入，所以也會比別人更快、更容易感到疲勞。對於強烈的聲音或是光線、冷熱、痛感……等等，都很敏感。在歡樂的活動中，也會因為受到太多刺激而容易疲累；會因為太興奮而一直保持清醒，很難入睡。為了沖淡所受的過多刺激，需要有獨處或安靜的時間。

E：情感反應強，有高度共感力（Emotional & Empathy）

共感力強，容易察覺他人的意思或心情。據說高敏人的鏡像神經元（被認為是促進產生同理的神經細胞）的活動比非高敏人更加活潑。比其他人更討厭看到意外事故或是刑事案件的新聞或暴力電影。

S：察覺細微的刺激（Subtlety）

對於細微的聲音、一點點味道、對方音調的高低或眼神、針對自己的嘲笑、隱晦的勉勵等等，能夠察覺到種種細微之處。能察覺的刺激來源相當多樣，因人而異。

＊此診斷由作者依據伊蓮・艾融《孩子，你的敏感我都懂》（*The Highly Sensitive Child*）、明橋大二《高敏感孩子細心愛，孩子更自在》（ＨＳＣ子育てハッピーアドバイス）兩書編製而成。

高敏人擁有的六種幸福

我透過諮商工作而了解到，高敏人有許多優點，當然，因為敏感纖細，就比較容易感受到精神壓力等等，所以有很多辛苦的地方，但這些也是他們幸福的元素。

我將高敏人擁有的幸福，分為以下六類。幸福的感覺因人而異，我想也有些幸福無法納入這六種之中，請把這這些當作是大概的分類就好。

還有，並不是說非高敏人就不會擁有這些幸福，只是相較之下，高敏人有有能夠更深層體會這些幸福的意涵。

❶ **感受的幸福**　對於察覺到的幸福小事，樂在其中。

❷ **直覺的幸福**　馬上就能知道「最適合自己的（狀態、人事物）」。

❸ **深入思考的幸福**　專注著眼於事物的本質。

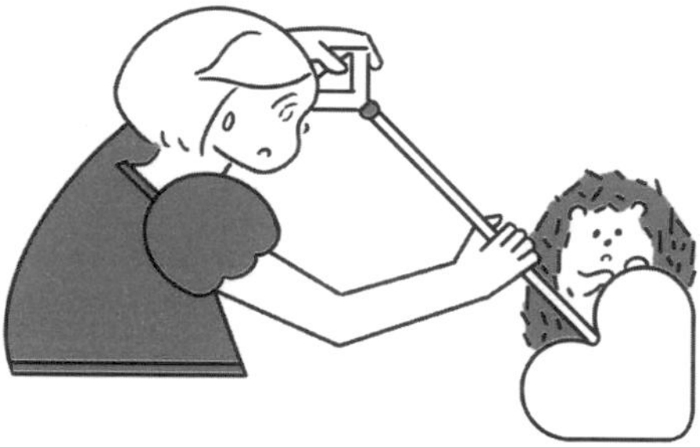

❹ **表現的幸福**　纖細的感性，成就豐富有內容的表現。

❺ 良知的幸福　當「利己」同時能「利他」，
就能發揮很大的力量。

❻ 共鳴的幸福　能認真理解對方的心情。

那些必須被重視的「小確幸」

增加幸福感，首先最重要的就是**「跳脫成果主義」**。

當你覺得夕陽很美的時候。

當你覺得認真又仔細熬出的高湯好美味，想要「再喝一口！」的時候。

咖啡店店員的微笑讓你覺得很高興的時候。

這並非「效率再提高一點」、「以某處為目標」之類的想法，應該只是單純覺得「很漂亮」、「真好吃」、「好開心」……等等，這種溫暖的感覺，霎時點亮了你心中那盞燈。

心裡默默湧現的幸福感，並不是以什麼為目標，而只是在自己心裡感受完就結束了。**幸福感，是一種非常主觀的感受**。

除了工作之外，別管其他人如何「比較」

另一方面，我們所生存的社會中，處處充斥著成果主義。

「所有事情都要迅速而有效率。」

「提高生產力。」

「要當一個有用的人。」

以上這些成果主義，是存在於客觀的世界裡。

成果主義，是跟其他東西比較起來是否有價值、跟以前比起來是否更有效率、生產力如何等等，**是成立在比較之上的**，相較於自己的感覺，更重視結果，是以「世人或其他人如何判斷」的他人觀點為中心。

得出成果，在工作上固然是必要的，但如果連心靈都一面倒的偏向成果主義的話，就很難感受到心滿意足的幸福。

早上起來，外面舒適晴朗。「天氣真好啊！」這讓你覺得開心。

你開始懂得美味米飯的滋味。

不輕易做出結論，而是深入思考到自己能接受為止。

就像這樣，慢慢去感受心滿意足的幸福，是無法由其他人所看到的成果來衡量。

若是過度拘泥於成果，把滿足內心的幸福當成是「多餘的」、「沒有生產力」、「沒有用的東西」而驅走這種情緒，之後對於幸福的感受，也就會習慣性的視而不見了。

「諮商結束回家的路上，電車裡的廣告看起來都變得顏色美麗又繽紛了。」

「我開始聽得見鳥叫聲了。」

開始注重自己心中的幸福感、恢復精神之後的諮商者來信這麼告訴我。

只是增加幸福感，就有驚人改變！

「一定要做出一個像樣的成果」、「興趣或工作也好，如果沒有做得比別人好，就沒有意義」，當你發現自己像這樣被成果主義限制住了，告訴自己：**「我只要做自己就好了，只要珍惜自己的幸福就好了。」**當能有這種認知、安心下來之後，就會開始產生變化。

就像是幸福的感受力綻放出花朵一樣，這世界的美麗與溫柔、令人歡喜的事物，你都能充分感受到了。

前面已經說過，成果存在於客觀的世界，幸福存在於主觀的世界——這兩者的性質不同。

或許會有人會這麼想：「珍惜自己的幸福、專注於自己的喜好和感受，是不是其他方面就會做不出成果來呢？」

但是，「成果」與「幸福」並不是相互取捨的關係。

有趣的是，**珍惜自己的主觀幸福，反而會讓客觀的成果壯大！**為什麼會這樣呢？詳細的情形在後面會說，請繼續往下看喔！

善用「敏感力」，讓自己更幸福！

增加幸福感的另一個要點，就是「要先把敏感運用在自己的幸福上」。

比別人更能感受、深度思考與品嘗，這份纖細的情感，可以運用來幫助他人，也可以為自己所用。

高敏人的感受力很強，因此更容易掌握到他人的需求或是社會上發出的聲音，有很多人總是會「為了他人」而採取行動，把自己的事情擺在後面，但在此之前，**還是先把敏感運用在讓自己幸福之上吧！**

自己幸福了，自然就能對身邊的人更加溫柔，也能夠幫助他們、且不求回報，具體的做法，我會在第五章和第六章再敘述。

CHAPTER ONE
感じる幸せ

第1章

感受的幸福

對於察覺到的幸福小事，樂在其中

為了對方一點溫柔的舉動而深受感動，
充分品味日常生活中的平凡光景，
感受力，就是幸福的泉源。

善於「發現細節」的高敏感受力

高敏人很容易感覺到其他人沒有察覺的細微事物，他們可以分辨出微妙的色彩差異或是聲音的高低等等小小的「不同」，並且能細膩地感受。

例如，品味天空的美、感受他人的體貼，發現每天一點點、小小的「美好事物」，這種「感受力」是高敏人的幸福泉源。

正因高敏人的感受力強，將自己置身於適合的環境裡是很重要的事。在不適合的環境裡，容易接收痛苦訊息的那份敏感度，若放在適合的環境裡，就會發揮正面的作用。

以下是高敏人透過「感受力」而發現的幸福：

- 感覺到良好的觸感（水蜜桃的細絨毛感覺很舒服）。
- 感覺到好的氣味（丹桂的香氣）。
- 發現水嫩青翠、朝氣蓬勃的蔬菜，感到雀躍期待。
- 身旁的人微微一笑，就覺得很開心（店員或同事）。
- 去到氣氛活潑融洽的地方，就會覺得愉快（校慶之類的場合）。
- 會因為天氣而感覺幸福（晴朗的日子就會想外出）。
- 為小孩子的一句話而感動不已。
- 因為漂亮舒適的空間感覺療癒（咖啡店的露台座位。空間寬敞的感覺真是太棒了！）。
- 發現了看似不起眼的裝置巧思或講究之處，而覺得很有意思（收銀檯旁有萬聖節裝飾）。
- 因自己的身體狀況的改變而愉悅（例如瑜伽的一個動作，讓身體末梢都能有所感覺。身體各處都伸展開來，覺得非常舒服）。
- 感受自己的心理狀態（期待、興奮，都能強烈感受）。
- 找到對方的優點。

● 看對方的動作，不知不覺間自己也學會了。

※括弧內為舉例，每個人的感受不盡相同。

高敏人很容易就會發現小細節，並樂於享受小細節的趣味。

例如在看舞台劇的時候，發現演員服裝或是演出中舞台上的小機關，就會覺得快樂，或者是在咖啡店，發現收銀台旁邊裝飾了萬聖節的南瓜或是聖誕樹等配合季節的雜貨時，在結帳時心裡就有一種溫馨的感覺。

高敏人會察覺到那小小的、不起眼的用心，並且連用這份心的人背後的情感，都慎重地收下珍藏。

還有，像是因為店員的貼心而高興、為自己將晚餐的魚料理得美味而暗自竊喜等等，捕捉日常生活小事中的喜悅，也是高敏人的拿手本事。

晴朗的天氣、美好的氣味，都能讓高敏人感到幸福愉快。

讓「感受的幸福」延伸① 留下享受快樂的時間

那麼，要如何讓這些「感受的幸福」延伸擴大呢？

首先最重要的，是允許自己「花更多的時間去享受快樂、感受幸福」。

因罪惡感而被遺忘的時光

你可能會覺得很訝異，「咦？是這樣嗎？」

但是，幸福的時間往往在不知不覺間，就被你當作「沒有生產力」、「多餘的東西」，給推到牆角邊去了。

你難道不曾因為「把時間用在自己身上，總覺得好像有罪惡感」嗎？像是以下這類情況：

- 喜歡躲在軟綿綿的棉被裡睡午覺。但是當你真的做了這件事，又會覺得「好像做了什麼沒有生產力的事……」而有罪惡感。
- 總是很忙碌，很想放空一下。可是一旦真的放鬆休息，又覺得「應該做些更有意義的事情」。

「產出了什麼」、「對誰有幫助」、「別人是怎麼看的」，當成果主義的觀點被帶進幸福裡去，就會感覺那些為了自己而開心、悠閒去感受的時間，都像是做了什麼不該做的事情一樣。

這時候，請反問自己：

「過去曾在什麼樣的時候覺得幸福？當時開心嗎？」

「什麼樣的時候，會感覺心滿意足？」

了解自己「幸福的時光」，是增加幸福感的第一步。

把時間留給自己，就是幸福

在製造商上班的T，過著每天被工作追著跑、週末也滿腦子都是工作的生活。這樣下去會很痛苦，於是他慢慢開始把喜歡的事情加入生活中，但是總覺得「這樣好嗎？」感到很不安。

他來諮商後，我們發現到T很重視「生活與心靈」。

過去他似乎覺得「不能以自己的生活為最優先，是不是應該多做一點工作？」但是他在確定「重視生活與心靈是沒問題的」之後，心情就開始變得輕鬆多了。

T在公司不再喝瓶裝水，開始會帶在家裡泡好的茶去公司。過去他也有特別花費心思去享受工作，而如今似乎覺得工作環境也可以再改善。

喜歡日本茶的T，終於買下可以將茶維持在固定濃度的水瓶，在公司也能享用日本茶了。在忙碌的職場中，以前連廁所他都盡量少去，隨著他開始珍惜品味生活後，就再也不那麼介意這些了。

忙碌的時候，他也不再讓自己的心情被「不得不做」的想法牽著走，而是以「此時不做更待何時」的心情，用客觀的角度來看，感覺就變輕鬆了。

察覺自己所認為的幸福，並且認為「重視這些感受，是沒問題的」，就不太容易再被成果主義或忙碌狀態給干擾了。就像是下了錨的船一樣，即便隨著海上波浪搖晃，也不會漂流到別處。

為了自己去感受、去品味的一段時光，本身就是幸福。

請你更加珍惜自己的幸福。

讓「感受的幸福」延伸② 重視讓你討厭的感覺

另一個延伸幸福感受的要點，就是如同要你重視「美好的感覺」一樣，也重視「討厭的感覺」。

高敏人的感受力，不分時間地點都會自發地運作；在職場裡，你會感覺到「那個人的這種說法很容易聽懂」，於是便運用在郵件的文字裡或是製作資料上；又比如當你察覺對方「希望你這麼做」時，便會很快為對方動手去做。

在對於工作或人際關係等「有幫助的場合」中使用感受力的人，有時候會將自己覺得討厭、覺得疲累的身心狀態隱藏起來，表現得與平常並無二致。

這就是只把「感覺」用在認為有用的地方，並且無視沒有用的「感覺」。

如果是這樣的話，就代表你對自己的感受力踩了煞車。

正視那些「不喜歡」的感覺，可以大幅增加你在生活和工作上的敏銳度。

只利用有幫助的「感覺」，乍看之下是十分合理的選擇，但其實這是對自己「有條件的愛」。

有用的事情就覺得可以有感覺，但是卻不希望去感受比較費工夫或麻煩的事，就像是對自己設下條件說「我喜歡有用的你」、「沒有用的你就不要跑出來拋頭露面」一樣。

「自己感受到的事情，對自己來說是真實的」——對這種感覺的信賴，也就是所謂自我肯定感的一部分。

感受力不要只用在工作或人際關係，也請運用在照顧自己上面。像是覺得好睏、好累的話，就算只有一點點時間，也讓自己休息一下。

接受你所感受到的，並且好好照顧、重視這種感受，能幫助高敏人習慣「無論是正面或負面、工作或生活上的感受都沒關係」，感受力的基礎就會穩固下來。

不論感覺到什麼情緒，都請你好好珍惜，這樣一來，每天感受「美好事物」的能力，以及「對工作有用」的感受能力，都會有長足的進步。

美好的事物是安靜而微小的

晴朗和煦的日子裡的溫暖。
悄悄打在窗戶上靜靜的細雨。
感受親密的人的溫柔體貼、一些無關緊要的對話。
會讓你的心感受到一陣暖意的，都是安靜而微小的事物。
它們不會明說有什麼功能或效用，並不會像清潔劑的包裝上印著「我們這麼厲害哦」、「喂！看看我吧！」主張自己的效用；而是在我們周遭悄悄地，只以它的內在本質存在著。
忙碌的時候、為了某些事情擔憂的時候、想提早預防風險的時候，腦海裡就會陸續浮現「那裡還沒顧到」、「那個得這麼做才行」之類的想法，腦子裝

對高敏人來說，雖然很容易感受到壓力，但也很容易感覺到充滿在生活中的美好。

滿了這些東西，就看不到安靜的事物了。

當你無法感受到美麗的事物或他人的溫柔體貼時，請你對自己說「沒關係、不要緊的」、「一步一步慢慢來吧」。緊張感緩和下來的話，頭腦也會冷靜下來。

當精神放鬆下來之後，美好的事物就會來到你的世界。事物的美好或是他人的溫柔體貼，就會源源不絕的湧進來，你再也不會因忙碌和壓力就視而不見了。

美麗的事物就在日常的風景中

某天，我一面走在住家附近的小路上，一面欣賞著紅葉。

一輛機車用緩慢的速度，噗噗噗的騎過去。微風徐徐，道路兩側銀杏樹上的葉子，在陽光的照射下閃耀著光芒飄落下來。

緩緩遠去的機車，與像在目送它離去而飄落的一片片金色樹葉。明明是每天都會經過的道路，此時卻宛如電影中的畫面般。

看到這個光景，讓我猛然發現，宛如電影中才會出現的美麗場景，其實並不特別啊！美麗的風景與人心的溫柔，其實就存在日常的生活當中，等著我們稍加留心注意就會發現、就會映在心上的畫面。

在忙碌的日子當中，即便我們忘記了世界的美，這個世界卻依然不變的在等待著我們。

歸途中，若覺得夕陽好美，就欣賞到心滿意足為止。

買一朵花，細細品味花苞逐日綻放的模樣。

紅葉的季節裡，拾起一片堆積在地上的葉片，欣賞它由黃到紅的美麗漸層。

每天只要花一點點時間就好。

當你發現了美好的事物，就讓自己停下腳步，好好欣賞品味。

光是為自己花一點時間品味日常中的美好，就能重拾可以放鬆心情的時刻。

小時候是如此，長大成人後的現在也是，美好的事物一直都存在於這個世界裡，只要停下腳步、運用與生俱的感受力，就能發現處處充滿美好。

情緒負荷太多時，隨手塗鴉也能發洩

高敏人的感受力強，光是在日常生活中，往往就會因為接收到周遭的人或環境的刺激，腦袋轉個不停，內心糾葛也非常多。

當不知道該怎麼辦、或是感覺心情沉重起來的時候，代表身心可能因為今日的感受刺激太多而疲憊不堪。

所謂刺激，並不是只有壓力或麻煩這種「壞的刺激」而已。跟朋友見面、開始嘗試新的社群網站，或是去旅行這種「好的刺激」，也是刺激的一種。

就算是快樂的活動或是令你興奮的事情，如果一直持續做著跟平常不同的事情，就像是「每天都在辦校慶園遊會」一樣，在刺激過多的狀態下，也會超出負荷。

高敏人只要把多餘的刺激少量釋放出來，接下來心情就會自然地重整好。

「雖然很累了，但是頭腦還是很清醒、睡不著。」

「看了書後雖然覺得很有趣，但是總覺得看得很飽了。」

「上網瀏覽了一些訊息後，覺得焦慮感增加了，或是看網路資訊看得頭暈。」

要是像這樣，覺得「資訊再也放不進去」的時候，就是獲得太多刺激的訊號。暫時休息，不要再輸入資訊，利用釋放資訊把刺激釋放掉吧。

雖說是釋放，做起來非常的簡單，別擔心！比如說，只要——

- 用文字寫下自己的心情（日記、部落格、推特……等等）
- 畫畫（在筆記本邊緣塗鴉也可以！）
- 唱歌（邊走邊哼歌）
- 跟朋友講電話（隨便聊聊也可以）

就像這樣，即使「輸出」的只是一點小事，也能讓情緒負荷大大減輕。

不過，難免有疲憊到連話都不想說的時候，用簡單的塗鴉畫圈圈來表達「這就是我的心情～～！」也是可以的。

不用把情緒或想說的事情完整寫下來也沒關係！**累積在身心裡的刺激或情感，即使只有一點點也好，只要能向外釋放出來就好。**

還有，跟別人說話時要以自己說話為優先。明明是希望對方聽自己說，卻顧忌對方的心情，自己反而變成傾聽者腳色的話，講完話之後反而會更累。

如果是打電話，在問對方「最近好不好？」之前，就先直說「有件事想請你聽我說」，把「希望對方好好聽你說」的意思表達出來。如果覺得「叫人家全都只聽我說，感覺很不好意思」，那就在讓對方聽你說完、心情舒爽之後，再換你聽他說話就可以了。

接收跟釋放，是配成一套的。如果覺得「接收」已經滿了，就請透過剛才說的各種方法，一點一點的釋放出去。

設定一個喜歡的空間，隨時爲自己充電

「沒有精神。雖然並不睏，但是總覺得心情很低落。」

「雖然有想做的事，但是卻沒有什麼幹勁。」

你是不是覺得，有時候雖然不是累到需要休息，卻沒有行動的幹勁？

這種時候，**在「休息」與「行動」之間的「調整」就很有效果。**好好利用你的感受力，可以很快的調整好身心，補充行動的能量。

找對地方，十分鐘快速回復精神

「我得提起精神來」、「得拿出幹勁來」，就算腦中這麼想，卻很難辦到。

不要只想靠著毅力撐下去，讓身邊的「美好事物」來幫幫你。聆聽喜歡的音樂、看看喜歡的圖片、瀏覽能讓你精神一振的部落客文章等等，去接觸會「為你帶來能量」的東西。

其中，我特別推薦利用「待在喜歡的空間」來補充能量，非常簡單而且有效。利用以下兩個步驟：

（1）到一個你喜歡的空間。

（2）花個十分鐘，什麼都不用做，只是安靜地坐著。

只要這樣就好。

不要滑手機、當然也不要看電腦或是做其他事情，就只是坐著，讓自己沉浸在那裡的氣氛之中，讓超載的情緒負荷刺激像被流水沖走一樣，調整你的身心，能量就會湧現。

「這不就只是普通的休息嗎？」你可能會這麼覺得。但是對感受力強的高敏人來說，「在一個美好的空間裡靜靜坐著」，就可以恢復幹勁、讓內心充滿能量。

令人感覺舒服的聲音、風景、香味、氛圍……，當置身於適合自己的空間中，這個空間中的「感覺」會進入你所有的五感之中，把累積在身心裡的噪音嘩啦嘩啦地沖得一乾二淨。

因人而異的能量空間

可以補充能量的空間有很多種，並且因人而異，例如：

「只有間接照明的靜謐咖啡廳。」

「圖書館。被書本包圍就有種受到保護的感覺。」

「咖啡店的露天座或是有庭院的茶藝館。坐在可以看得到綠意的地方感覺很好。」

「家附近的河邊。道路兩旁有並排的櫻花樹，可以躺在那裡。」

像以上的例子，安靜的空間自然有很多人喜歡，不過還是因人而異。

「有點吵鬧的咖啡店，才能讓我平靜。」

「常去的餐廳。看到認識的店員點個頭打招呼，就能讓我覺得安心。」

「會轉播賽事的運動酒吧！大家一起熱鬧的看比賽，自己也會覺得有精神。」

「飯店的酒吧。挑高的天花板加上落地玻璃窗，我喜歡奢華的空間。」

除了安靜的地方和空間之外，上述這些地方也是讓某些人能放鬆的空間。找出幾個適合自己的空間，像是：

「今天去圖書館過於安靜了，去咖啡店好了。」

「今天比較想跟人接觸對話……就去有認識的人在的店吧！」

諸如此類，配合心情分別使用這些空間也很好。一定要找出能為身心帶來能量的幾個美好空間，善用這些空間好好為自己快速充電。

在辦公室或家中，放上感覺療癒的小物

仰望天空、感受某個人的溫柔、品嘗美食的滋味。

像這樣遇見「美好事物」時，心裡會突然感到一陣溫暖，讓我們能夠感受到幸福。

天空再怎麼美，如果內心沒有足夠的餘力去仰望，就無法感受。相反的，即使內心調整得很好，身邊周遭的事物如果對自己而言沒有魅力，也沒有太多機會讓你的內心感到溫暖。

要感受到幸福，必須要具備以下兩個條件：

（1）自己：能感受到幸福的自己

（2）周遭：身邊要有「美好的事物」

打造讓自己「看到就開心」的環境

內心的狀態雖然也很重要，但是身旁是否有「美好的事物」也同樣重要。

前面所談到關於高敏人放下成果主義的部分，都是調整「自己」，也就是上述的條件（1），那麼接下來就和各位談談有關於自己「周遭」的事物。

正因為高敏人的感受力很強，因此身處於適合自己的環境就很重要。所謂適合自己的環境，就是人際關係、職場、住家或社區等。

若在適合自己的環境裡，就能從周遭的事物或人獲得能量，變得越來越有朝氣；相反的，若身處於不適合的環境裡，就會因為不協調的感覺或精神壓力而耗損精力。

即便職場或人際關係很難馬上改變，但是我們可以把房間整理得很舒適，把喜歡的東西放在桌上裝飾，從自己身邊做起，打造出適合的環境。

對高敏人來說，身邊有「美好事物」是很必要的。在這裡提到的「美好事物」，並不是指高級品，而是會觸動你的心或是讓你感覺舒服療癒的物品，是跟他們在一起、看到它們就會覺得開心的人事物。

「跟自己合得來」的，就是「美好事物」，而要把美好事物放在身邊，關鍵就是「欲望」。

善用並正視你的欲望，逐步地增加身邊的美好事物吧！接下來，就是如何正視並表現出你的欲望。

希望自己幸福快樂，真的沒關係！

「想吃超好吃的美食！」

「想在海邊，就只是望著大海放空發呆。」

「想打扮得漂亮又時尚！」

「好想談戀愛～」

你有什麼想要的東西嗎？

或是有沒有什麼想放手去做的事情，或是憧憬的未來藍圖？

要增加周遭的「美好事物」，重要的就是「欲望」。

如果壓抑了欲望，人生就像在漂流，因為不知道自己想要什麼，就會因為大家都說「應該這麼做」、或是某個人說「希望你這麼做」而隨波逐流。

不知道是否因為有著清心寡欲才好的社會氛圍，我覺得在日本似乎有一種傾向，把欲望、奢侈以及屬於自己的幸福，看成是不好的事情。

正因為如此，人們往往會不由得壓抑自己的欲望。我用前來諮商的一位高敏人所寫的信為例，就能充分理解這點。

當武田老師對我說「請你要幸福喔」的時候，我的心噗通地跳了一下。不知道應該說是驚訝還是驚嚇……心裡一直覺得忐忑不安。

我真的沒想過「想要幸福」這回事，難道被看穿了嗎？當時真的是這樣的感覺（愕然）！

為什麼呢？我一直在思考。

過去一直覺得，自己不可以有欲望，但是我發現，想要幸福的話，是不是就是要有渴望的事物？

我對於不可以有欲望這件事過於認真，是不是因為這樣，才會迷失自我？

不可以有欲望、不可以出風頭、一定要禮讓別人等等。我發現，明明是自己的人生，我卻一直想讓別人當主角。

或許我才是最瞧不起自己的那個人。

雖然還只能一點一滴地改變，但是我會試著更懂得讚美自己、讓自己回到主角的位子，更加去意識到自己想要怎麼做（這就是欲望）。

發揮我纖細又敏銳的感性，抬頭挺胸、輕鬆地活著，給自己更多空閒、自由的時間，以療癒的角色來工作，在投資上取得高額獲利，去旅行、吃好吃的東西，打扮得漂漂亮亮，買自己喜歡的東西，找到另一半，讓自己幸福！

這就是我現在的欲望！

開心！高興！幸福！

「欲望」就是推動自己、獲得喜悅的原動力。

「想要那個」、「想要這個」、「想談戀愛」……等，請你正視自己的欲望。試著盡情的釋放心中的欲望（期望和願望），接著，欲望會和「想找到一起走下去的伴侶」、「想要安穩的生活」等等，這些在你心頭迴響的願望一起出現。這並不是任性、也不是期望過高，而是你對人生的想望，是真實的願望。

大方地期望這些應該期望的事物吧！

捨得對自己稍微好一點

有的人會認為，坦承自己的欲望需要一點勇氣，如果是這樣的話，我建議把**「用起來沒問題的物品」，換成「會怦然心動的物品」**。

「堪用」與「心動」之間的巨大差異

高敏人由於感受力強，因此讓你心動的東西所帶來的快樂感受，也比一般人多得多。

把每天使用的東西換成會讓你心動的物品，在生活日常中，處處增加一些「小小的幸福」，心裡就會覺得暖洋洋的。

例如，買一雙比平常穿得更好的襪子、用木製的層架代替彩色塑膠置物箱、換穿更舒適的內衣、咖啡改喝從磨豆開始的手沖咖啡。

我自己的狀況是，把彩色置物箱換成木製層架時，每次看到它就感覺到木頭的溫暖而覺得安心，穿上軟呼呼的襪子，走起路來那軟軟的感覺傳來，就覺得很開心，會小心仔細地清洗襪子。

有位男性高敏人採用的方法，則是「更換充電線」。桌上型電腦、鍵盤、平板電腦、智慧型手機、耳機……等等，把在桌子旁邊這些電線，可以換成無線的就換成無線的，或是換成最短的電線，剩下的線就藏在書桌下，弄成幾乎看不到電線的狀態。

書桌周遭變得清爽，看到的時候就有一股「哇！這樣好棒」的滿足感。

「用起來還可以」跟「用起來好開心」，兩者給予高敏人的幸福感，是截然不同的。

一旦開始重視物件帶來的幸福感之後，你的感受力就會大幅成長。

以往用得理所當然的東西，出現了不對味的感覺，於是你會開始尋找更適合自己的東西。

比起方便、好用、便宜這種重視性價比的物品，你會更想要使用「穿起來舒服」、「外觀美麗」、「讓心靈得到平靜、滋潤」……等，能使身心感覺更愉悅的東西。

「這個馬克杯，看起來不是很順眼……」

「這浴巾用久了，擦起來變得粗粗硬硬的。」

要是有這樣的小小異樣感出現，可不要因為「還可以用」、「這樣也夠用了」就壓抑住自己的心情，找過讓你感覺心動的物品，別勉強自己「堪用就好」。

不過若是要一次全部換掉感覺不太對的東西也很麻煩，可以從視線內所及的東西開始，慢慢的換掉。以長遠的眼光來看，一點一點的在生活中增加會讓你心動的東西，也是很美妙的事情。

味道、觸感、環境，從最在意的地方開始改變

就算說要置換成令你心動的東西，又會覺得這個、那個都很重要，到底該

從哪裡著手呢？還是乾脆把身旁的東西一口氣全部換掉？

這時候，**可以先從視覺、聽覺、嗅覺、觸覺、味覺這五感當中，評估對自己來說最重要的感覺是哪一個開始！**

例如，當你使用浴巾的時候，是否總覺得想要選某一條浴巾來用？或者是當用到某一條時便會覺得「哦？今天輪到這條耶」而感到開心？

這時就可以留意自己選擇的標準，有的人是因為軟綿綿的觸感（觸覺），也有人是因為花樣很可愛（視覺）。

在五感當中更重視哪種感覺，每個人都不同。

也請想想看，在每天的放鬆時間裡，家裡有什麼你喜歡的東西、喜歡的地方？

回想一下你喜歡的是什麼地方，就能知道在五感當中自己重視的是什麼。

「我喜歡味道很香的紅茶（嗅覺），但是那種幸福意外地只有在喝的當下感受得到。不過，如果把花裝飾在桌上，每次看到都覺得心情很愉悅（視覺）。」

「我並不是很在意房間有沒有整理打掃（視覺），更重要的是戴上可以清楚聽見每個音符的耳機，在睡前聆聽自己喜歡的歌手的專輯，那才是最幸福的時光（聽覺）。」

就像是上述這些狀況，就算是「令人心動」，也有分可以長久持續的幸福時光，以及無法持續那麼久的。

如果你猶豫著該從哪裡做起，不妨從能夠滿足自己五感中最重要感官的東西開始試試看。

用接近自然的活動，找回生活步調

有時候明明身心都很疲累了，卻只有腦子還忙碌得轉不停。

「接下來做什麼好？要去考證照嗎？還是為了轉職來做一下自我分析？」我們總是像這樣，一件接著一件地要求自己做該做的事。

在私生活中也是，要是被朋友問到「什麼時候有空？」就會用最快速度回答接下來的預定計畫，因此很難會有「一個人悠閒度過的日子」。

這種時候，你或許是被工作或社會氛圍的忙碌感所影響，失去了自己的步調，也就是失去了自己本來的時間感覺。

跟大自然「重新對時」

用什麼樣的時間感覺生活，本就因人而異。

有的人配合日升日落，以早、午、晚這樣大致上的時間感覺生活，也有人喜歡用計時器計算各種業務所需的時間，按照行程表的進度過日子。

有人覺得悠閒緩慢的過日子最好，也有人覺得某種程度上需要快速、俐落的動作，日子才會過得順遂。

因為這是無形的東西，很難明白自己跟別人的差異，但是什麼樣的步調才算自然，這又是人人各有不同。

要找回自己的時間感覺，我建議你嘗試一些和大自然有關的娛樂和活動。在大自然裡度過的話，就能親身體會到「還可以更悠閒一點」的感覺，也可以察覺到目前滿滿的行程很不自然。

我辭掉工作之後，在海邊玩過一陣子的立式划槳（Stand Up Paddle，簡稱SUP）。那是讓板子浮在海面上，然後人站在板子上，划著船槳就能在海上「散步」的一種運動。

衝浪用品店中有許多常客出入，不分男女、大家都曬得全黑，非常開朗，總覺得有股穩重的安定感。

在海邊遊玩，會受天候及潮流的影響。就算晴天，遠方要是有雷鳴，就必須撤退回到海灘上來。

令我驚訝的是，大家都會等到雷鳴停止，即使要等上兩三個鐘頭。等待時跟店裡的老闆聊著「下次想買這個道具」，或是看看雜誌、買買商品等等，完全沒有因為等待天氣而焦慮的樣子。

進行和自然有關的活動，大家都知道要等待。跟自然這個不可控的東西共同生活，或許就會產生這種沉穩的安定感。

在快速的世界中，拉回自己的節奏

每個人都會有適合自己的時間流程。

當來找我諮商的人跟我說，「我跑到一個島上，一直在那裡，看著夕陽西下」、「我跟朋友去點了營火，大家圍著營火的時光真是愉快」的時候，他們的樣子都很沉穩；我便明白，這表示在諮商者的心中，有段悠閒的時光緩緩地流動著。

現代社會的速度實在太快了。高敏人由於傾向於一個個去仔細處理，因此在這太過忙碌的環境中，「有點凌亂、不足也沒關係，趕快去做就好」的職場價值觀會讓他們覺得很辛苦。本來動作就慢的人在重視速度的職場中工作，會覺得不安也是理所當然的事情。

最痛苦的就是受到目前所處的環境影響，而逼迫、催促自己「還要更快一點」。

在自然中活動玩樂時，就會想起原來的時間感覺。大自然的雄偉節奏會成為一個基準，你能體會到「其實可以生活得更悠閒緩慢一點」。

在社會中，一定會有被工作行程追著跑的狀況，即便如此，只要了解**「不是自己慢，而是社會太過要求快速」**，被這種速度影響的狀況就會減少，而更容易找回自己的步調。

比起找回活力，你更需要感受美好

當面臨工作或人際關係的轉機而「想要改變生活方式」的時候，我們就「為自己」一鼓作氣地投入吧！大膽地花費比平時更多的錢或是時間，做一些取悅自己的事。有時這樣一來，或許會顛覆自己以往的價值觀。

♥增加「正向感受」，就是改變契機

世界上的服務，分為三種類型：

（1）把負的狀態歸零。

（2）把零的狀態轉正。

（3）讓正的狀況增長。

「（1）把負的狀態歸零」的服務，就是把痛苦或煩惱消除的東西，類似治療的感覺。

「（2）把零的狀態轉正」的服務，就是「雖然現在並不感覺困擾，但是有的話就會覺得很開心」。像是搞笑節目娛樂，或類似嗜好品的感覺。

「（3）讓正的狀態增長」的服務，就是把已算良好的狀態變得更好，感覺就像迪士尼樂園那樣。在迪士尼樂園中，工作人員們會用燦爛美好的笑容迎接「想開心一下」的客人，親切地招待他們，讓他們更加愉快。

運動員維持自己的身體狀況，像這樣為了進一步提升自我表現的行動，也符合（3）這一點。

「（1）把負的狀態歸零」的服務，由於是消除痛苦或煩惱的東西，在使用的時候很難出現罪惡感。比如蛀牙了會去看牙醫，肩膀痠痛嚴重的話就會去按摩。

但是「（2）把零的狀態轉正」和「（3）讓正的狀況增長」的服務，由於不是「絕對必要」的東西，因此會覺得「能自己忍耐一下就好的話，也可以忍耐」，在使用的時候就會出現罪惡感。

例如，飯店酒吧中的下午茶，這符合（2）或（3）。有些人會毫無滯礙地覺得「這樣很好啊」，但也有些人會覺得「這太奢侈了」，即便他們會毫不遲疑地用同樣的金額去按摩或是跟同事們喝酒。

把錢花在什麼地方很容易反映出你的價值觀，但是**只為了取悅自己而去奢侈一下，有時候也會成為改變你人生的一個契機。**

美好的體驗，讓你下定決心善待自己

一個人養育小孩的N小姐，由於子女的教育費用很花錢，又擔心未來的不確定性，因此每天都過著很拮据的生活。

節儉、踏實的生活著的她，某次在尋找累積點數的使用途徑時，想起她在雜誌上看到過的飯店下午茶。她心想「既然是使用點數，那也不花什麼錢」，於是就乾脆去喝了下午茶。

在優雅的空間裡一個人吃著點心時，想到「為了孩子的將來，每天都這麼拚命，竟然這麼多年都忘了自己的快樂！」N小姐內心受到很大衝擊。

找回了「為自己而活」的她，開始考慮更有彈性的工作，放棄了連假日都無法放下工作用手機、充滿壓力的工作，成為自由工作者，開始以自己能帶著笑容為第一優先，並珍惜與孩子相處時間的生活方式。

還有一位公司老闆F先生，在工作上成績斐然，客戶和員工的信賴是他的生存價值所在；但是他沒有把錢花在自己身上的概念，即使懂得買工作用的西裝，買便服對他來說還是很困難。他還想過乾脆不要穿便服過日子。

白色衣服由於容易弄髒，所以他以前會避開不買；但是某次試著買了白色長褲之後，突然覺得「感覺好好」！他開始懂得為自己（而不只是為工作）買時髦的服裝，也開始講究起髮型來，每天早上會仔細地整理頭髮。

因為有了物欲，讓他在過去一味平穩的樣貌中添加了少許野性風采。他變得很有野心，在工作上也致力於擴大事業版圖。

找回自己的本來面貌

社會上有一種風氣：如果是「為他人好」就會被認為是好事，但是「為自己好」就很容易被當成是任性。不太有人會教你「全都是為了別人就太辛苦了，要對自己更好一點」。

高敏人對於捕捉對方的需求有很強的能力，又很有良知，會遵守社會規範。因此，動輒就容易做什麼事都「只為了別人好」。

我們的本意被包覆、隱藏在「對某些人有幫助」、「為了將來」、「這很麻煩吧」、「產出了什麼」這好幾層的偽裝之下。

只要在人生的關鍵時刻，大膽地「為了自己好」，這些偽裝就會動搖。

於是，那些被成果主義或「為他人好」所覆蓋的、早已遺落的真實自我——真正讓自己心動喜悅的，自己真正在乎的——就如同被掀開面紗一樣，將會逐漸看得清晰。

第2章

直感の幸せ

CHAPTER TWO

直覺的幸福

增加人生的心動時刻，
將自己帶往超越預期的未來

「雖然不清楚原因，但就覺得是那樣」、
「看到的第一眼就明白了」等等，
高敏人擁有非常敏銳的直覺。
找到適合自己的人或場所、物品，
知道最佳的組合是什麼，珍惜這樣的直覺，
你身邊的「美好事物」、「意氣相投的人」就會增加，
每天都會增加心動時刻。
並且，直覺也是能指引你去做「自己想做的事」的羅盤。
以直覺為線索採取行動，就能朝著幸福的方向前進。

超敏銳直覺帶來的幸福

「我也不清楚為什麼，但就是這樣覺得。」

「看到的那一瞬間就明白了。」

高敏人天生就擁有像這樣的敏銳直覺。

珍惜你的直覺，身邊的「美好事物」、「意氣相投的人」就會增加，每天讓你感到幸福的時刻也會越來越多。

直覺也是一個羅盤，幫你找尋「想做的事」，跟著直覺開始採取行動，就能找到你從未想像到的幸福。

而且，直覺也是一種超越思考的能力。將直覺與思考兩者並用，還能達到光憑思考無法抵達的領域。

那麼對高敏人來說，敏銳的直覺能帶來哪些幸福呢？

- 了解對自己來說的「美好事物」。
- 了解最佳組合是什麼（例如器皿與杯墊的組合，發現「這個跟這個很搭！」）。
- 了解什麼是最佳狀態（例如在製作資料時，馬上知道「長條圖用這個顏色看得更清楚」）。
- 明白對方所說的是真是假。
- 可以一眼就發現事物的本質或重點（在概略閱讀資訊時便能不經意地發現「原來是這回事」）。
- 即便是第一次見面的人，也能立刻明白「這個人跟我似乎合得來」。
- 靈感湧現（記住資料後出去散個步，靈感便意外湧現）。
- 直覺與思考兩者並用，就能得出超乎想像的結果。
- 靠身體的感受意識到人生的方向對不對（做了好的事情，就覺得開朗或身體輕鬆。相反的，如果是不應該前進的方向，就會有灰暗沉重的感覺）。

※括弧內為舉例，每個人的感受不盡相同

善用自己的直覺，能發現最好的做法、得到無論工作或生活上的最佳成果／收穫。

高敏直覺，帶你直線通往正確解答

第一印象就知道這個人跟自己合不合，光看外觀就知道這家咖啡店進去的感覺不錯等等，高敏人的直覺，會告訴他們對自己來說什麼是「美好的事物」。

講到直覺，可能有人會以為是什麼奇怪的感覺方法，不過在這裡所說的直覺並不是什麼特別的東西，而是任何人在日常生活中都在使用的。

買下一看就心動、覺得「好可愛！」的玩偶，就會一直非常珍惜；第一次見面就覺得「這個人好像人不錯」，後來就跟對方變成好朋友了。你是不是也曾有過類似的經歷呢？

我曾經聽從事製造業的高敏人說過，「實驗數據不對勁時，我就會有奇怪的感覺。覺得好像是這附近怪怪的，一查看資料就發現果然有錯」、「有問題的地方，總會讓我有『凸出來』的感覺」這樣的話。

像這樣的**「莫名的感覺」**、**「雖然沒有根據，可是就是知道」**，便是我們此處所稱的直覺。

直覺，是「發現」的力量。

相對於理性思考「因為A所以B，然後才會有C」，這種按著順序得到的結論，直覺則是一下子就能告訴我們「這個好」（或者覺得「這個很危險」）。

之後我會再提到，直覺也反映了自己的價值觀。若能為自己挑選沒來由就是欣賞、就是吸引你的東西，那麼你身邊就會有更多能滿足心靈的東西，或是能為你帶來正能量的人，人生的心動感受也會提升。

在日常小事中練習相信直覺力

前文已經介紹了高敏人的直覺敏銳之處，但是如何運用並發揮直覺的優勢，卻是因人而異。有些人在生活或工作上會充分運用，但也有些人不太會利用這項直覺優勢。

在我的諮商經驗上，因為不安而一直持續努力的人，總給我一種「把直覺封閉起來」的感覺。

所謂努力，可分為「基於熱情、自然而然地認真打拚」，以及「因為背後有不安的因素，所以自我鞭策」這兩種。

直覺是一種沒有根據的、「莫名且無來由」的感覺。如果感覺到強烈地不安，有些人會用大腦思考，去選擇安全的東西或是至少不會白費工夫的東西，也因此放棄了相信「無由來」的直覺。

不過，「直覺力」原本就是高敏人與生俱來的天賦之一。首先就從一點小事開始，相信自己的直覺，試著發揮在一些日常的瑣事上看看！例如：

「這家店絕對好吃！」

「這家店感覺似乎不好吃……」

以我的經驗為例，從一家店的外觀就能知道餐點好不好吃（是不是符合自己口味）。就算是外出旅行而初次到訪的店家，即使看起來一個客人也沒有，我也能知道這家店好不好吃。

「還真準呢！你為什麼會知道啊？」先生常常覺得我的直覺很不可思議，但其實我原本也都是會先判斷思考、並猶豫一番再做選擇，無法像這樣用直覺未決定。

幾年前，我們去鎌倉旅行的時候，有一間獨門獨戶的房子，乍看之下分不出是一般住家還是店家。

「這間，應該是店吧……？感覺好像是很不錯的店。」

沿著占地寬廣的籬笆圍牆走去，玄關前放著一個小看板和菜單。當我看到菜單的圖片上那片斷面十分美麗的起司蛋糕時，就覺得：「啊，這家店一定好吃！」

當時已是日暮時分，雖然幾乎完全沒有客人進去，我還是決定進去看一看。結果，發現店內深處是一片仔細整理過的廣闊庭園，裡面有個小池塘，還有假山，送來的茶和起司蛋糕也非常美味，讓我們得以在優美的景色中悠閒地度過美好時光。

就是這件事讓我想到：「莫非我只要看店的外觀就能判斷好不好吃？」

從那之後，我就一直是只要覺得店的外觀「好像不錯」就會進去吃吃看。其中也有低價位的燒肉店，價格便宜到會忍不住多想「這個價格的燒肉會好吃嗎？」的疑問，但是順從直覺進去之後，就發現他們不但肉處理得很仔細、很美味，店員也很活潑開朗。

自從我開始利用直覺，就能夠分辨出哪家店適合自己的口味了。

這是把直覺用在私人生活上的小例子，當然，在工作上我也會善用自己的高敏人直覺。

在一次次的小事中，打開直覺的敏銳度

開始善用直覺之後，我意識到**「直覺是與生俱來的」**。如果只用腦袋思考，直覺就會遲鈍生鏽，而漸漸無法運作；**察覺並接受直覺力，隨著一次次的善用，你將能把這項優勢使用得越來越順手。**

高敏人由於感受能力比人強，光是在生活中就累積了許多「要是這樣做就好了」、「這好像有點不對」等等，像這樣一點一滴的細微經驗。

「直覺」就是把這些感受過的經驗濃縮在一起，可以讓你在瞬間就知道，這個是「對／好」還是「不對／不好」。直覺可以說是感受力的延伸運用，也是**「對過去經驗累積的信任」**。

想要成功利用直覺的祕訣，說穿了就是**「放輕鬆」**。

根據精神科醫師泉谷閑示的觀點，他認為人類的「頭腦」與「身心」可以分為兩組。

「頭腦」是掌管理性的地方，習慣要「控制一切」；大腦會告訴你「應該怎麼做」、「必須怎麼做」，擅長分析過去、模擬未來以及想像他處的情景。「心靈」是感情或欲望、感覺（直觀）的場域，會把焦點放在「現在、此處」，會說「想怎麼做」、「不想怎麼做」、「喜歡」或「討厭」等等。

「心靈」與「身體」是一體同心，當頭腦把心靈的蓋子蓋起來，身體就會把頭腦不肯聽的心聲，表現在各種身體的不適症狀上。

＊出自泉谷閑示的著作『「普通がいい」という病』（講談社）。

直覺是以心靈與身體為基礎產生的。

當我們感到緊張或焦慮感強的時候，一定會想先用「頭腦」思考，尋找正確的方法，如此一來就很難使用直覺。

當直覺無法順利運作的時候，請你深呼吸，對自己說「沒關係」，或是去散散步，放鬆一下。

直覺是心的聲音，重視你的直覺，也就是重視自己真實的想法。

試著從小地方開始鍛鍊直覺，像是——

如果覺得「這家店可能不錯」，那麼就算是以前從沒有去過的店，也試著進去看看。

如果覺得「想要買花」，那就去買最適合自己現在心情的花。

如果覺得「這個人好像不錯」，那就試著多多去找對方說話。

如果覺得「這個人好像怪怪的……」，那就保持距離觀察一下。

直覺的敏銳度，可以透過一次次的驗證磨練出來。

直接去感覺、採取行動，去確認你的直覺是否準確。藉由驗證，可以發現自己的直覺在哪些時候準確，而哪些時候則稍微失準。

就好像「是否能跟對方相處融洽，在見面時的第一印象就會知道……不過，如果光靠郵件往來，就無法立刻判斷」，這樣的情況，當你了解自己擅長與不擅長的部分，直覺就會更好用，準確度也會提升。

直覺是一面鏡子，反射出你的優點

前面已經多次提過，「直覺」就是無需理由就「知道」。

正因為「沒有根據」，所以才叫「直覺」。但即便如此，如果能把直覺的內容化為言語，像是——

- 為什麼覺得好呢？
- 是從哪裡判斷出來的？

如此一來，就能明白自己的價值觀是什麼。

我在諮商的過程中發現，**個人直覺判斷覺得「好」的東西，正好能反映出那個人的優點**。

個人特色較強的人，就算衣服顏色偏向暗色系，也會戴色彩豐富的耳環。

就算試圖隱藏，一個人的特色也會從身上的物品（特別是小飾品等隨性的小東西）當中透露出來。

會被絨毛玩偶或手帳吸引，覺得「好可愛啊」的人，那麼他自己也會有可愛的一面；如果這個人會被「纖細美麗的東西」吸引的話，那麼他也有纖細美麗的一面。

個人優勢，藏在直覺之中

不只是日常中使用的東西，**在人際關係上使用的直覺，也會反映出使用者自身特質。**

在管理顧問公司擔任經理人的Y說，他光憑直覺就能立刻明白，該給誰負責哪個計畫，或是把誰跟誰編成一組會有更好的成果。成員們的技術能力或專業性當然也會考慮進去，但是比起技術性，他認為，「是否感覺到這個同仁跟那個計畫、就像是量身打造般適合」，像這種無法言語的感覺才更重要。

Y在人與企劃的搭配上受到好評價，許多客戶口耳相傳地找上他。

Y也負責人事錄用。當我問他遇到什麼樣的人會覺得很適合的時候，他回答我說，「能適應任何工作、有彈性的人」。能跟上級老闆以及工作現場的人溝通，在吸收專業知識的同時又能現學現賣的人最為理想，Y自己也是這種人。

Y本身的個性就是「無論在任何工作現場，處事都很恰當，並且很有彈性的人」，對於各種不同意見的人都能柔軟地應對溝通，也能正確地安排工作給適當的人。

對於直覺認為「好」的東西，試著把覺得好的理由明確化、文字化，就能了解自己的優點是什麼。

憑直覺感覺對了的人，就是擁有跟自己共通的美好一面的人，直覺覺得好的東西，也就反映了自己美好的部分。

把自己直覺認為好的東西放在身邊，不論在工作或是生活上，都能讓你更順遂的成長，引出自己的優點。

你為什麼覺得這個東西／人好呢？

你喜歡它／他什麼地方？

建議你可以反問自己這些問題，把直覺認為好的人事物條列出原因，當作是了解自己、發現自己優點的一個手段。

♥留意直覺的悄悄話

直覺也可以用來當作指引，找出自己想做的事情。

高敏人要活得生氣蓬勃，非常重要的就是**「從小事開始，去做你想做的事」**。高敏人容易受刺激，總是有容易疲倦的一面，如果能做自己想做的事情，反而會更有精神。

在做自己想做的事情時，心情會感到亢奮，並全心專注地投入，內心會感覺是一段「美好的時光」。

即使身體疲憊，心靈卻很充實。跟你做不想做的事情所產生的消耗感截然不同，能得到像在適度運動過後那種舒服的疲勞感與滿足感。不過，相信有人一定會這樣想——

「就算說盡量做想做的事，我也不知道自己到底想做什麼……」

「興趣也好、工作也好，都沒有能讓我熱衷的事情。」

會這麼想的人，請你一定要開始運用直覺。

直覺會用小小的聲音說著，「好像不錯啊」、「好想……」來告訴你想做什麼。

- 路過的時候，在街上的布告欄看到跳蚤市場的介紹。
- 有種好想去海邊的衝動。
- 想起一個朋友，不知道他現在好不好……

類似像這樣，從小小的事情開始也無妨。

也許因為那個徵兆非常細微，所以你沒有注意到，但其實一天當中會湧現好多次「好好哦」、「真想試試看」的這種直覺悄悄話，在告訴你「想做的事」。

聽從心聲，美夢成真

如果突然發現有「感覺好像不錯」的想法，試著直接「起而行」。

例如，如果有想去的活動，就立刻買下門票；如果有「很想去看海」的念頭，就先把「去海邊」排進兩週後的行程裡等等，當下就可以做的，只是一點小小行動都無妨。

「好忙喔，而且我還有很多其他想做的事。」

「不管是旅行還是買東西，都得再規劃得更仔細一點。」

越是像這樣平常想太多的人，我就越希望你能嘗試一下「隨心所欲的行動」。

在前一節我們曾提過，人是由「頭腦」與「身心」所構成的。但是「這好像不錯」、「想要這麼做」等「想要……」，是心靈的聲音。另一方面，想到「我很忙、所以不行」等等理由，或是「應該要更『認真仔細』的選擇」這種、以「應該要……」的想法為出發點的，則是思考，這是頭腦的聲音。

一開始思考，就會失去好不容易才顯現的直覺。在反覆思索當中，時間一過去，就開始覺得麻煩，然後就變成「還是下次再說吧」，不久後就忘了這件事……。

越是想著「要好好想過」，「就是想這麼做」的心聲就會被完全抹消。

「他現在不知道怎樣了……真想跟他說話」，如果這麼想，就把「不過可能會打擾他」、「他大概很忙吧」這種事後湧現的客氣想法先放在一邊，送出一封問候的 e-mail 或訊息吧！

讓你覺得「心情沉重」的講座或是活動，就聽從心裡的真正想法「不要去」，不要用後來腦中湧現的「是個學習機會」等想法，來否定你的直覺。

直覺就是你的心聲，是你真正的想法；**重視直覺，就是重視真正想法**。

若覺得「好像不錯」，就趕快去行動，如果覺得「好像很煩」就選擇不要。將直覺與實際行動結合，甚至會讓你覺得「原來這麼簡單就能實現想做的事情」，令你開心，感覺美好的事將會不斷發生。

來一趟旅行、去看海、跟喜歡的朋友一起吃飯（還有，不去那些令你感覺沉重的聚會），都會宛如魔法般一一順利實現。

想知道自己的想法，就去一趟書店吧！

「就算多方嘗試，還是不知道自己究竟想要什麼。」

「直覺好像並沒有發揮作用……」

這時候，去一趟書店就會知道自己真正的想法。

在店裡慢慢逛一圈，是不是有些映入眼簾的封面或書名，會讓你想要拿起來看一下？

例如，跟咖啡相關的書，或是「想要不那麼努力的〇〇」等，感覺輕鬆緩和類的書名映入眼簾，心情可能就會感覺比較放鬆；如果拿起的是學習類的書籍，可能就會讓你鬥志高昂，有想要學習的心情。

拿起那些書時，那些讓你放鬆下來的、心情變得開朗的、讓你覺得亢奮的

東西，就是你「現在想要做的事」。

相反的，那些讓你覺得心情莫名低落的、讓你身體緊繃起來的、讓你有不得不做的感覺的東西，那就不是你現在想做的事。

在心情低落的時候，會讓你想到「自己必須改變」、「為了將來一定要學」之類的考試用書、心理學或自我啟發類的書，你可能就會特別想要拿起來看。但如果這本書拿起來的時候，並沒有讓你有開心的感覺，那它就不是你現在想做的事，而只是因為焦慮不安所帶來「應該如何如何」的思考，而非直覺想做的事。

不論是考試用書還是心理學書籍，如果是你發自內心覺得「想做（想學）」的話，應該都會讓你覺得「好有趣」而感到精神振奮。

請你用這種「心情會變得開朗」的感覺來當指標，好好把握自己的真實想法。

如果覺得在書店中反而資訊過多、感到混亂的人，到圖書館也是個好選擇。館中陳列會讓封面、封底、書名整齊地排列著，因此能夠在心情穩定的情況下找出自己真正的想法。

「跟著直覺走」，就可以了嗎？

到目前為止，我們提到了把直覺用於參加活動、把事情列入行程……等的小事上。接下來我想要談談「跟著直覺採取行動，將會邂逅預期之外的幸福」這件事。

讓人生大轉彎的靈光乍現

直覺，是超越思考的一種能力。

「覺得也許不錯，所以就試試看。」

「這件事我想參加／總覺得哪裡怪怪的，還是不要吧。」

諸如此類，當你以直覺作為羅盤指引而採取行動時，就可能找到能熱情投入的工作，或是邂逅了伴侶，找到了人生中對你有重大意義的東西。

以我的朋友H為例，他熱衷的事情是「演戲」。

H想要演戲的念頭，源自他高中入學選擇社團活動的時候。他在走廊上走著，突然想到「母親當年的志願是當一個配音員」，這就是他選擇戲劇的開端。國中時是田徑隊、過去完全沒有想過要演戲的他，因此進入了戲劇社，就這麼走向戲劇之路。上了大學、成為社會人士之後，他也仍然參與舞台演出或是舉辦工作坊，一心投入戲劇之中。

這個例子並不是要你「光憑直覺去決定一切」，直覺只是一個契機。

以直覺為基礎行動的時候，你或許不會一下子就明白「我想一輩子做這個！」只是在嘗試時，會隱約有種「咦~？這感覺不錯呢」、「這個說不定很有意思？」的感覺。

「感覺不錯」，也要「實際去做」

當然，嘗試多次之後難免還是會發生猶豫不決、不能肯定自己是否真的想做這件事的情況。

H也是，他並不是一帆風順地走上戲劇之路。他在參加的戲劇工作室裡表現不佳，因此對自己的演技失去自信，決定離開那個工作室。後來他又捫心自問「是不是真的想演戲」，打算暫時離開戲劇工作。

在接下來的行程一片空白的狀況下，思考著「我到底想做什麼」的時候，他想到的是自己一個人去借公民會館的場地，總之就先隨自己的喜好去做。經過唱歌、跳舞、畫畫、朗讀小說等等活動，在那四、五個月的時間裡，他一個人盡情揮灑，終於發現「我還是想演戲」。

「我想在戲中將演技發揮到極致。目前為止所參與的即興劇，與其說是想發揮演技，不如說是想跟夥伴們一起玩。」在他弄清楚自己的想法後，內心洋溢著「想要演戲」的心情，於是積極參與舞台劇演出，自己製作宣傳單，每天都認真投入在戲劇中。

其實，在喜歡的事物當中，能讓你湧現熱情的範疇也並不大。把做法改變一下，或是換個對象等等，用各種不同角度反覆努力地去做，慢慢就可以縮小範圍，從中找出「我喜歡跟這群人、用這些方法達到想做的事」這種屬於自己的風格。

只要用自己的風格去做，做過幾次之後，某天你就會發現「我喜歡這樣」。

「感覺好像不錯」的直覺，以及實際去從事的感受，這兩者請你都要重視。

迷惘的時候，比起獨自徒勞的煩惱，要更重視做事當下的感覺。如此持續選擇自己喜歡的事物，最終就能尋覓到人生中對你意義重大、能夠熱情投入的事物。

用直覺做出的選擇，絕對不會白費

重視自己真實的想法，在選擇要做什麼／不做什麼的取捨當中，就能看清自己的道路，也就是「想用一輩子去做的事情」。

「想用一輩子去做的事情」其實並不是職業或是什麼事物的名稱。「想用真心去跟他人交流」、「想默默地動手做」、「想打動人的心」等等，是用「想……」這樣的抽象語言（動詞）來表示的。

前文提到的H就是在從事戲劇之外，也主辦HSP的交流會，並從事設計工作為副業。

聽了他的故事就會發現，他想做的其實是「打動人心的事」。演戲、HSP交流會、設計等等。**乍看之下，他所做的似乎是彼此完全不相關的事情；但**

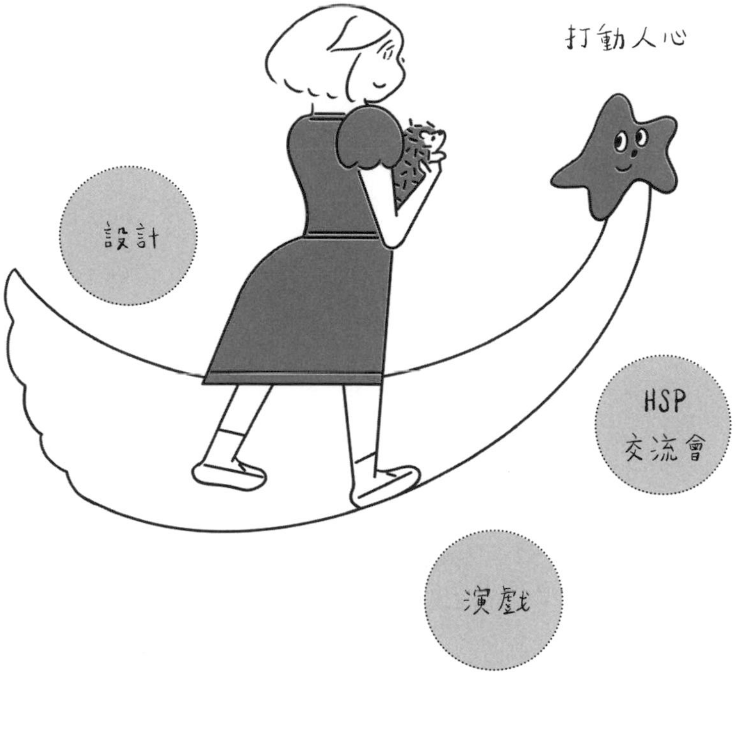

利用直覺做出看似沒有交集的選擇，其實最後目標都是相同的。

是在他內心裡，這些全部都是通往「打動人心」的道路。

在他心裡有一條「打動人心」的道路，而具體達成的方法，就是透過戲劇或是設計。

一個人不太可能從一開始就對自己的道路有自覺，有時會做些感覺「好像不錯」很吸引人的事情，覺得有趣的話就會繼續做，不是的話就放棄。在反覆取捨當中，才開始發現「原來這些全都是相關的」、「當時的那件事與現在息息相關」。

即使是小事，如果有什麼事突然浮上心頭，請你一定要嘗試看看。可能會就這樣持續下去，也可能會因此找到其他的東西。

即便現在不清楚，但這一切都會讓你學到東西，並在最後集結、通往自己想走的道路。所以，請放心地去做自己想做的事情吧！

換套服裝或妝容，生活方式大不同

「被過去沒有穿過的衣服顏色或款式吸引。」
「雖然整理了衣櫃，卻覺得『沒有衣服可穿』……」
「之前都覺得外表如何都無所謂，但現在開始對衣服跟化妝有興趣了。」
如果有了這樣的心情，或許就是人生開始要有變化的時期了。

你的打扮，映照出你的內在

我在諮商的時候實際感受到，當一個人開始重視自己的心聲時，他的外表也會跟著改變。

第一次見面時，本來都只是紮一個簡單馬尾的諮商者，在三個月後燙了一頭捲髮，還把頭髮放了下來。

本來穿的衣服非黑即灰，後來改穿明亮色系的衣服。

本來都會化妝化得很仔細，後來變成化自然妝。

服裝跟化妝都會隨著心境變化，外表會反映出「一個人內在的樣子」。

不僅如此，表情跟說話方式也會改變，會比以前更加清楚地表明「我是這麼想的」，因此對周圍的人沒有必要再保持警戒。本來一直保護著自己、不讓人看見自己的弱點與破綻的人，會由於安全感的提升，讓整個人的感覺也變得柔和起來。相反的，原本為了配合對方、什麼都說好的人，在開始會清楚表達自己的意見之後，就會顯得更有野性魅力。

在不明白自己真實想法的時候，便不知道自己想穿什麼樣的服裝，穿著上往往就會偏向不過不失的風格。

一旦開始過著重視自己身心的生活，就會開始明白自己的「今日心情」，會覺得「這個紅色好像太強烈了，我沒辦法穿」、「今天的心情就是要穿這件」、「頭髮再弄一下感覺會更好」等等。於是，過去不清楚自己真正的想法時所穿的衣服，也就變得越來越不合適，感覺沒衣服可以穿了。

這時候，就去尋找適合現在的自己的衣服吧！

嚐試新的事物，是前進未來的開始

面對過去未曾選過的顏色或服裝款式，一旦有了心動的感覺，那就是未來的自己送來的邀請函。

即便不用化為言語，只要「未來我想這樣生活」的想法在內心裡萌芽，一切便會以「想穿的服裝」的感覺顯現出來。

「太正式的服裝或許不適合穿到職場。」、「這個顏色有點太花俏。」即便是像上述這樣、以過去的標準不會買的衣服，只要感覺被吸引了，希望你務必嘗試看看。

以新的外型生活後，每次穿上那件衣服，就更能確定「原來我喜歡這樣的東西啊」，讓自己透過視覺或觸覺來逐漸習慣新的生活方式。

服裝或化妝，會為你的生活方式變化帶來幫助！

持續做出真心選擇，讓人生往美好邁進

請把身邊的東西，換成會讓你心動雀躍的東西。

如果有在一起時會令你更有朝氣的人，就增加與他們見面的頻率。

不要總想著「趁現在把那件事做起來吧」，這樣一直做事、塞滿時間，要開始懂得找時間放鬆一下，去眺望景色或是喝一杯茶。

身邊的物品、人際關係、利用時間的方法，都試著加入一點可以「放鬆一下」、「補充元氣」的事情，這樣一來，人生整體都會變得有活力，內心也會多些餘裕。

每天都增加一些讓自己舒適放鬆的時間，不知不覺間，「舒適良好的狀態」就會成為常態。

就算偶爾有讓你感覺討厭的事情，但由於有感覺舒適良好的基礎，也會讓你更容易跨越過去。

更重要的是，**因為「（適合自己的）美好事物」持續增加，那些不適合你的，就更容易放手了。**

例如，若提高和能帶給你元氣的朋友的見面頻率，「與人見面是很舒服的事」就會成為常態。「跟這個人在一起總覺得很疲憊」，與這類對象不合的感覺就會更明顯，讓你更想跟他保持距離。

藉由接觸更多好的東西，就能放掉那些感覺不對的東西。

相信你的整個人生，也都會因此逐漸往好的方向轉移。

第 3 章

CHAPTER THREE

深く考える幸せ

深入思考的幸福

一個人安靜地與世界連結

比起表面的東西，
高敏人看的是更本質上的東西，
習慣深入思考。
追逐自己有興趣的東西，
或是深入自己的心情等，
透過深入思考的能力帶來探究的幸福。

洞悉本質的思考習慣

高敏人的優勢之一，就是善於「深入思考（深入處理）」。

從工作上的風險到對方說話的背景，他們會去思考一般人通常不會想到的深度和細節，有時會讓身邊的人覺得驚訝：「你連那個都想到了？」由於比起表面上的東西，更傾向於看本質上的東西，因此有時也會與身邊的人有不同的觀點。

雖然容易感受到與其他人不同的事物，但是對高敏人來說，深入思考是很自然的事，也是與幸福有關的重要特質。

以下就是高敏人可以透過深入思考能力所帶來的幸福：

- **創意源源不絕。**

- 看到精美出色的東西，就能聯想到製作者當時的感受。
- 會堅持到底、追求自己有興趣的東西。
- 能夠面對自己的內在、分析自己的感覺，持續往下挖掘（回頭思考「為什麼我當時會這麼想」，或是一面整理自己的心情一面寫部落格）。
- 能夠體諒他人的狀況（不輕易評斷對方的行為，會認為「他可能有什麼狀況」而給予體諒）。
- 當他人有一絲絲的體貼舉動，能完全感受對方的善意。
- 能探究自己內心深處，創作出作品。
- 透過「直覺」與「深入思考」的組合，創作出高品質的東西。
- 熱衷於思索人生或生活方式、心靈或死亡等等哲學性的問題。

※括弧內為舉例，每個人的感受不盡相同。

深入思考的洞悉力①　瞬間浮現的想法

高敏人優勢之一的「深入思考」，有兩種性質：

（1）瞬間浮現的想法。

（2）思考事物的本質。

深入思考力的第一種，就是「瞬間浮現的想法」。

高敏感的人看到一樣東西，瞬間就會浮現各種想法，對於一些其他人「不會想到那麼深」的細節，即便並沒有特別去意識到，也會突然就有想法浮現。

例如，當看到咖啡店裡收銀機旁，放著萬聖節的南瓜裝飾品時，高敏人不只會有「好可愛」、「已經到萬聖節了嗎」這樣的感想，還會想到「這些飾品是店員去買的嗎」、「裝飾這些東西很快樂吧」等等，瞬間就會產生各式各樣的想法，不會只想到「咦，已經萬聖節啦」就結束，而是有著非常細膩豐富的喜悅。

由於這些瞬間浮現的想法，他們會因為發現一些小機關而覺得快樂，想像對方這些溫柔體貼的心意而覺得感動等等，日常生活中，看似不經意的一個場景，高敏人也能夠充分地體會到其中蘊含的情感和想法。

深入思考的洞悉力②　探究事物的本質

第二種深入思考的能力，就是「思考事物的本質」。

高敏人對事物「本質」的注意更甚於表面，會習慣深入思考、發覺事物背後的真義。例如：

- 看到樂團寫出的歌詞，開始對「他們過著什麼樣的人生」感到興趣，便試著去為該藝人製作創作年表。
- 用了網路之後便疑惑著：「為什麼電腦可以接上網路？這是出於什麼機制呢？」於是去調查網際網路通訊的歷史與機制。

就像上述的例子，高敏人只要有了興趣就會一頭栽進去，去探究、調查自己有興趣的東西，讓思緒馳騁，徹底徜徉在那個世界裡。

在深入思考的能力當中，這個「思考事物本質的能力」跟「探究」的關係密不可分。透過探究，會為人生帶來特別的趣味與喜悅。

說到探究鑽研，你可能會想到學者、研究員之類的人物。但是，這並不是少數特殊人士才能進行的事，它的出發點是每個人都會有的好奇心。

每天的生活中，是不是都會有不知道理由卻莫名吸引你、讓你忍不住會去思考的事情呢？花點時間，充分地去思考那些突然浮現的想法也不要緊，當你發現這一點，然後「想更進一步去了解」、「想感受更多一點」地開始找資料、追根究柢時，你的探究之旅就已經展開了。

獨自思考所產生的強大連結

高敏人探究的對象，大致上可以分為「自己」和「世界」這兩類。

興趣是和「自己」有關的話，我們會一面摸索著文章、繪畫、歌曲等等的表現方法，同時潛心研究；興趣如果是料理、藝術、政治經濟，或全球的架構等等，則屬於「世界」的範疇，我們會針對有興趣的主題去調查、考察，進一步加深理解。

無論探究的對象是「自己」還是「世界」，按自己所願地去深入思考，本身就會令高敏人感到喜悅。

即使只是書寫部落格或是日記這種日常小事，也會端坐在書桌前，一面回憶今天發生的事情，一面尋找符合心情的語句。或者閱讀有關社會議題的書籍，慢慢理解事物的組成架構。

如果是工作，則可能會一面想著「圖表是不是要用這個顏色來表示，會看得比較清楚」、「用這句話，會比較容易讓對方明瞭」等等，一面埋首製作資料。

深入思考時，會讓你覺得彷彿時間靜止了一般，在你專注投入的過程，時間就這樣過去了。

就算人在辦公室或咖啡店這類周遭有人的環境，潛入內心深處時仍是自己單獨一人的狀態。我們首先要在心理上變成單獨一人，然後才藉由調查或思考，與想要探究的對象連結起來。

埋頭深入思考時，「一個人獨處」與「和對象連結」，這兩者是可以同時成立的。

就算有興趣的對象是自己，這也不代表你自私，深入探究自我，其實是超過自我的框架，達到研究「人類」的境界。「自己」，在身為個體之前，首先是一個人類。人類的心理動作，是受到時代的價值觀或出生地的文化影響，而其根本仍在於人類自然的心理動作。

看起來是獨處的高敏人，其實正在以自己的步調和很多事情連結。

探究「自己」怎麼想、怎麼感覺，也就是在思考社會的樣貌、時代的潮流，以及與他人的關係。向內挖掘自己的心情，也是思考與人相關的事情，與人類有所關連。

對高敏人來說，深入思考的時間，**「雖然是一個人獨處，卻是以自己的步調與世界或人類連結的時間」**。這對重視一個人獨處的時光的高敏人來說，是與這個美好世界產生連結的方法。

直覺不對的地方，就停下來多想一下

深入思考的時候，也請你務必使用直覺。直覺與思考交互使用，能達到超越你想像的結果。

你是否曾有過這樣的經驗：在工作上製作資料時，覺得「好像哪裡不對」；與家人或身邊友人相處，卻發現他的樣子跟平常不一樣。

像是負責會計工作的高敏人，「如果數字不合，在打開 Excel 的瞬間，第一眼就會有怪怪的感覺」；擔任主管職務的高敏人則是「早上去公司看到組員的臉，就會知道他們的狀況好不好。要是覺得誰好像會出錯，就會增加跟他講話的次數」。

憑直覺猜測「好像怪怪的／這附近好像會有重要的事情發生」，之後就是

直覺感受到不太順、不太對的地方，仔細思考看看，一定會找出問題點。

「思考」登場的時候了。

不要用「大概是我想太多了吧」、「沒時間」之類的理由來否定你的直覺，而是要利用思考來確認。同時利用直覺與思考，就能到達僅憑單一方法無法抵達的領域。

直覺，是由心靈與身體為基礎產生的。從智人時代到現代，我們的身體是人類歷史的累積，因此我認為，利用直覺也就是讓人類的智慧來幫助自己。

把想法文字圖表化的驚人效果

要充分感受深入思考後帶來的幸福感，「輸出」是很有效的辦法。

寫部落格也好、日記也好，你是否曾有過藉著寫出心情來整理思緒，然後驚訝地發現「原來我是這麼想的」呢？

寫出來、畫出來，就會得到解答

在工作上也是，試著把課題畫出來，或許會發現「原來是這樣」，或是「那件事這麼做的話，遇到這種狀況會如何」等產生新的疑問。

不管是寫文章、繪畫或是隨手塗鴉等，要怎麼輸出、輸出什麼都不要緊。

把思考中的內容寫出來、畫下來，邊看邊想，會有更好的結果。

雖然還不習慣的時候可能覺得有點麻煩，但好好利用的話，可以幫你找到思考的線索。

光在腦子裡不停地思考，往往會覺得事情意外地困難。這時不論是書寫也好、畫圖也好，比起腦袋拼命的轉、拼命的想，把一部分的想法從腦子裡拿出來，會比較容易有好的結果。

因為腦子裡會空出新的思考空間，你可以「把它拿出來，一面看著這些想法，一面思考」。曾經思考過的事情會成為線索，使你可以再進一步深思。

不論是往下挖掘自己的心情並寫出來，或是為藝術家製作年表，每一個作業都是腳踏實地一步一步的做，很費工夫也很花時間。

你會知道「思考本來就是很花時間的事」。

你會同意「為了思考的喜悅所花費時間是值得的」。

像這樣跳脫成果主義，你的人生就會有了深入思考的喜悅。

寫下心情與感覺，是找到自己的方式

在接受過有關工作或人際關係的諮商後，也有人過了不久後，會來信告訴我，他們「開始寫部落格了」、「開始寫 note 了」等等的訊息。

我的諮商對象，有大半都是走到了人生的轉捩點，脫離了以身邊的人為優先而承受著精神壓力的生活方式，轉而重視起自己的心聲，他們往往都在那個時間點來找我諮商。

在這個時期，他們逐漸把過去一直隱藏著的「自己的心情」，拿到檯面上來。因為到了「自我」在發育的時期，「輸出」的內容自然而然就會增加。

就算是不能給任何人看的日記、不公開給多數人看的部落格，**光是「書寫」這個行為，就有了解自己、接納自己的作用。**

試著寫下自己對於每天發生的事情有什麼想法，或是當時會這麼想的原因是什麼。**暫時把「別人是怎麼看的」、「是否對誰有幫助」這種他人的眼光放在一邊，寫下你自己「真正的想法」，就會明白自己的心是被什麼吸引，又討厭些什麼東西。**

書寫，就是肯定自己的心情或想法存在的一種行為；用眼睛看著自己寫出來的東西，也是在肯定自己「原來我那時候是這麼想的」。

如果有人聽自己說話，真的都會很開心，而書寫就是自己聽自己說話，所以更能強化與自我的連結。

停止「配合、遷就」其他人！

生活方式改變的時候，首先會遇到的是「面對自己內心」的時期。這時會覺得與人來往交際很麻煩，只想一個人關在家裡。

當一個人獨處的時間增加，並把意識投向自己內心時，或許你心裡會湧現這樣的想法：

「放假的日子，這樣獨處可以嗎？不去跟朋友見個面好嗎？」

「部落格是不是寫一些更『簡單易懂』的東西給大家看比較好呢？」

但是你心裡真正的想法，卻是想把時間用在自己身上，像是——

「跟別人見面好麻煩，好浪費時間……」

「這樣寫，可能大家的接受度會比較高吧？但如果這樣寫，我事後一定會覺得不舒服。」

在你把意識投向內心的時期，就會把「配合他人」放到比較後面的順位去。

這時候，便不要去在意以下這些「遷就別人的聲音」——

「不跟朋友見面，這也太不會做人了吧……」

「希望貼文被按讚，就要這樣啊！」

請乾脆地甩開以上這些聲音，切換到你「真正的想法、真正想做的事」。希望你採取**「我現在就是想這麼做！」**，也就是符合自己內心本意的想法去行動。

即使這麼做，會有一段時間感覺跟別人來往很麻煩也不要緊，在完全面對自己內心之後，你自然會開始往外看，這時候就不是基於配合或遷就，而是你「想要」這麼做。

經由正視自己的心聲，面對自己的內心，便能比以往更進一步地往「原本的自己」靠近，也就能邂逅讓你發自內心產生共鳴的人。

第4章

CHAPTER FOUR

表現の幸せ

表現的幸福

用真實的自我
與他人互動

文章、繪畫、歌曲、照片、手作、服裝……等，
有許多高敏人用這些方法來表現自己的內心。
高敏人就像解析度高的照相機一樣，
用很細膩的準確度來接收「美好的事物」，
濃縮重要的部分之後加以呈現。
他們能藉由這些表現與自己的心靈深入連結，
並藉由這些表現所傳遞出來的訊息和志同道合的朋友們互動連結。

將內心感性完整呈現的能力

文章、繪畫、音樂、照片、俳句、手作……，方法雖然各有不同，但有很多高敏人用這些創作的方式表現自己的內心。

高敏人就像是高解析度的照相機一樣，細膩地接收「美好的事物」，在心裡玩味，然後將重要的部分濃縮後、再用某種方式表現出來。正因為能細膩地感受身邊的事物，才能做出精緻且複雜的表現。

高敏人所做出的豐富表現，很容易打動人心。

在這一章，我將介紹高敏人在細膩地感受與玩味之後，才有可能創造出來的「表現的幸福」：

- 將自己感受到的情緒和想法，重現在作品上（例如，拍攝的照片中反映出了被拍攝者的特質、寫作時使用完全吻合自己心情的詞彙）。

- 能透過表現來了解自己的內心。
- 將自己的表現發表出去，與同伴連結（在社群網站上把想法發表出去，與有共鳴的人連結）。
- 很有毅力地磨練自己的表現，直到自己能夠認可為止。

※括弧內為舉例，每個人的感受不盡相同。

捕捉到和煦陽光的照片，表達出內心的一幅溫柔的畫、仔細描述每日心情的部落格、對社會提出的疑問或建言。

高敏人的表現，總是細膩而充滿感情。纖細的感性，讓高敏人特別容易感受到他人內心的痛苦，或是對職場的格格不入、精神壓力……等，雖然很辛苦，但是相對的，關於世界的美好、人們的溫暖、社會議題等等，也會比他人更早一步察覺。

高敏人容易感受到苦痛和壓力的一面，同時也容易感受到美好和溫暖的一面，並能透過各種創作方法，充分地表現出來。

寫作或是料理，都是一種「表現」

從日常的物品到藝術作品，「表現」有各種不同的形式，不一定要藝術創作才是「表現」：

- 寫日記。
- 開部落格書寫有興趣的領域，用推特發文，用影片解說。
- 做菜。
- 對他人訴說。
- 唱歌、跳舞、彈奏樂器。
- 詠唱俳句。
- 拍照、畫畫。

- 寫劇本或小說。
- 製作手工作品（製作飾品、縫製物品、編織等）。
- 留下紀錄（將活動或祭典的情形用插畫或文章留下來）。
- 反映內心的服裝或化妝。

將自己的內心以某種形式呈現出來的東西，這就是表現。

不單只是寫部落格、畫畫這類明顯的紀錄或創作，像是做菜、對友人傾訴……等，這些日常的行為，也可以是一種「表現」。

就算是每天的晚餐，「醬菜要切成這種厚度，咬起來才有勁」、「涼拌菜要裝盤裝得美美的」等等，把自己認為「這樣料理／擺盤，會很好吃」的想法，很慎重地做出來的話，那麼那道料理就是高敏人內心的表現。

♥ 只是「隨心所欲」，就能「超有風格」的高敏優勢

在第三章我們說過「在人生出現轉機時，輸出就會增加」，那是因為當你開始學會重視自己的真實想法後，你的表現方式就會隨之增加，變化也會豐富

起來。

過去上社群網站「只看不寫」的人，開始會在推特上發文，或是開始在部落格和 note 上寫出自己的心情。

有的人會重新拾回已經放下好一段時間的編織或縫紉，或是開始學習一直很想學的社交舞。

原本覺得做菜很浪費時間的人，開始會悠閒地做煎蛋捲，或是一面開心地做事前準備，一面調理菜餚。

珍惜自己內心真實想法的時候，自我就會成長茁壯、滿溢出來。而這些從內心滿溢出來的東西，一開始都會用自己最擅長的方式表現出來——擅長寫文章的人就會寫文章，擅長繪畫的人就會開始畫畫。

在持續表現的過程中，表現的領域也會隨之拓展開來；例如，過去對外表打扮沒有興趣的人，會開始化妝或喜歡穿衣打扮；在面對自己的感覺來書寫文章的時候，可能也會開始在有興趣的領域裡慢慢做起副業。

藉由各種形式的「表現」，會開始明白自己喜歡什麼、討厭什麼，以及自己是什麼樣的人，**也會磨練出直覺，更能夠清楚地對「這個適合自己／不適合**

自己」做出取捨。

如此一來，你的外表、儀態與行動也會反映出自己的品味，在服裝、生活、社群網站、工作……全方位展現出「自我的風格」。

感受到的美好，會直接投射在作品上

感受美好的事物，深入品味後，就能有所表現。而高敏人的表現，其實就如同蠶寶寶能吐出美麗的絲線一般：**只要吃下好的東西，就能產出好的東西**。感受事物，跟吃東西很像。「感受」也好、「吃」也好，都可以用「品嘗」這個字來形容。「感受」，就是把感受對象的一部分放進自己心裡，然後逐漸消化的一種行為。

如果想產出美麗的絲線，就必須要放入對自己而言「美好的事物」。

而成為表現元素的「美好事物」就因人而異，各有不同。比如在公司上班、同時又寫詩的高敏人，跟同事的對話或溫暖的人際關係，就會成為他創作的元素之一。

遇見「美好事物」而心動的經驗，也會蓄積成表現的元素。

例如，有可能是吃了美食，於是將這美好的滋味用抽象畫表現出來；或是聽了誰的煩惱、而去研究了心理學；又或是為寵物拍攝影片，又即興加上了音樂之類的。

我們也可以從實際的經驗中，抽出「美」的核心部分，然後呈現出來。這時候，高敏人本就擅長的「看穿本質」的切入視角、能將事物仔細看清的細心，還有能夠清楚區分重要事物的直覺，都有助於你「抽取」出美的核心。

對你來說，能成為表現元素的「美好事物」是什麼呢？

最近，你又曾對於什麼人事物心動過呢？

社群網站是高敏人的好夥伴

當你想把自己的想法對人傾訴的時候，表現方法就是「發出訊息」。如果是想找到與自己意氣相投的人，或者想跟與自己有共鳴的人產生連結，在這種時候，發出訊息也是一個有效的方法。**這時，只要利用社群網站，針對「喜歡的東西」、「想到的事情」、「感受到的東西」發出訊息，就能邂逅志同道合的夥伴。**

使用文字，完整釋放內心世界

不管是在偌大的世界裡尋找夥伴，還是想說些擔心交淺言深而難以敞開心胸說出來的心底話，都可以透過社群網站發出去。**從這些方面來看，社群網站可說是與高敏人相當合拍的一種工具。**身旁找不到高敏人的時候，只要透過社群網站去尋找，就可以遇見許多高敏人。

去上班的途中抬頭看看，陽光耀眼、和風徐徐，藍色的天空看起來也是那樣多采多姿。你不由得停下腳步來，「啊，真美啊！」

偶然看見了電影預告，從背景配樂和出場人物的短簡短台詞裡，感受到電影流瀉出的溫柔世界觀，忍不住熱淚盈眶……。

高敏人感受到的事物，是那麼細膩豐富，數量龐大。

要面對面傾訴這樣龐大的想法，實在有其極限。

我曾經試過，如果不是興趣和喜好都很合拍的對象，要用等同於文字書寫的密度、來傳達自己的想法是很困難的。而且在面對面的言語往來中，你也必須花心思放在眼前的對象身上，深入自己內心的深度比起直接寫出來，也就相對地減少了。

而如果是社群網站的話，發出訊息的過程則會分成兩個步驟：

（１）專注於自己的內心層面，寫出心中的想法。

（2）將這些想法PO出來（公開）。

因此，比起面對面來說，這樣更能維持自己的步調，也能追求更加穩定的表現。

其次，在社群網站上，像是對世界的疑問、自己內心的糾葛，或是面對面說話時需要看對象而定的內容，自會有對其感興趣的人來閱讀；那些一次無法全部說完的內容，也可以分成幾篇文章來一點一點地傳達。不管是上傳照片或圖畫，或是寫各種主題的文章，又或是做成影片等等，你可以不斷嘗試適合自己的表現方法，直到自己認可為止。

勇於發出訊號，就能吸引同好

身邊少有共鳴的人，如果在社群網站上就容易找到夥伴。而想要透過社群網站邂逅夥伴，就請不要顧慮其他人的想法，而是要把自己認為「好」的東西，發自內心地表達出來。

在路邊看到的花朵的照片也好，喜歡的藝人也行，內心在思考的事情也可以，內容無論是什麼都無妨。**把自己「喜歡的東西」、「想到的事情」、「感受到的」，用文章、繪畫或照片等等，發表出來。**

每天當中想到的、感覺到的，每個人都不一樣。把自己喜歡的東西或感覺到的事情寫出來，就是在表現自我。而看到你的表現後與你產生連結的人，也正是被你的想法或感性所吸引的人。

透過發表出自己喜歡的東西或感受到的事情，那些價值觀跟你相近的人們，就更容易找到你。

不只是把自己心感觸到的發表出來而已，如果看到跟自己有同感、也覺得這個「很棒」的人，請你務必要留下評論或是回覆他，積極地做出反應。

如果自己發表的東西有人回應，大多數的人都會很開心的。在兩次、三次的回應累積之中，對方也會慢慢了解「啊！是那個人」，彼此會開始看對方的發文，自然而然地開始交流。

如何不為「讚」數影響？

將訊息透過社群網站發表出去後，如果有人有回應，當然會很開心；但如果心態變成「如果沒人留言說『好棒』，那就沒意義」，或是「被『讚』數影響了表現」，目的變成了「希望有人認可」、「希望有很多人看」的話，「表現的幸福」就會受到限制，就會偏離自己本來真正想表現的，一點也不快樂了。

「回應對方」和「審視自我」的兩種表現方式

要如何在「世人要求的表現」與「自己想要的表現」之間取得平衡呢？在發表訊息時，有很多人都有同樣的煩惱。

為了避免這些煩惱，我們先看看兩種不同的表現。

表現有兩種方法，「呼應」與「深入挖掘」，也就是「回應對方需求」和「深入挖掘自己」以達到普遍性的方法。

（1）呼應

像是打網球一般，接住對方的需求，然後打擊（回應）回去。

對某個人的煩惱，給予「有這種煩惱的時候，這樣做就可以了」的建議，也是「呼應」的一種。

（2）深入挖掘

以自己為出發點，拚命往下挖掘。

- **思考發生在自己身上的事。**
- **調查自己認為有疑問的事。**
- **讓每天發生的事跟自己的興趣產生關聯，並加以研究、思考。**

如上述方法等，就像是坐禪一樣靜靜地仔細考察，然後找出自己內心想表現的主題。

相對於一開始就是因為對方的需求而回擊的「呼應」，**「深入挖掘」則是**

呼應

深入挖掘

在追求自己的嗜好興趣時所產生的結果，成為了他人所需、感興趣的內容，兩者的順序剛好是反過來的。

深入挖掘，建立真誠連結

也因此，我建議高敏人在表現自己時，使用「深入挖掘」，而不是「呼應」。使用「深入挖掘」的表現方式來發出訊號，就可以用「真正的自己」與人產生連結。

高敏人的感受力很強，在部落格或推特上寫自己的事情時，能細膩地掌握到對方的需求，知道「大家想看的是這種內容」、「這樣讀者才會多，所以這樣寫比較容易讓人看懂」。

正因為他們掌握對方需求的能力很強，於是就會發生像下面這樣的狀況：

「在書寫讀者需求的內容時，寫著寫著，我反而不知道自己本來想要寫的是什麼了。」

「訊息的方向越來越偏往被需求的方向（解決問題／有趣的方向／只寫有

幫助的事）去。」

要是過於被對方的需求帶著跑，就會變成不是以真實的自己，而是以「幫了某個忙的某人」的角色，來跟身旁的人連結了。

當發表訊息不再是快樂的事，或是感覺自己發出的內容不大對勁時，請放下對於讚數或讀者反應的「表現結果」，以重視「表現的時間本身帶來的幸福感」為先。

當你流於配合他人需求的時候，纖細的感性會朝著對方而去，與自己的連結就變薄了。在一個可以安靜獨處的空間，或是可以放鬆的場所，讓纖細的感性朝著自己不斷前進吧。

完全真實的自己在想些什麼、感受到什麼，把你的意識投向自己的內心與感覺。

當你覺得想用真實的自己與他人連結時，首先必須要讓自己跟自己連結，用這樣的自我去跟周圍的人連結。

為此，首先要以重視「自己很心動的事物」為先，而不是「某個人要求的事」。這樣一來，你一定可以找到自己想要表現的東西。

而在你表現的時候，也不要有任何粉飾或妥協，要有毅力地去尋找完全符合自己想法的表現。

害怕展露真實自我是正常的

「毫不掩飾，盡可能地直接展現你的內心。」

想起來很簡單，做起來是很令人恐懼的事。

不光是在社群網站上第一次發文、即使已經發文多次的人，要跨出更大的步伐發文的時候，或許也會湧現「害怕」的心情——

「寫這樣的東西會有人看懂嗎？」

「想得這麼鑽牛角尖，自己是不是怪怪的……」

多多少少應該會有這樣患得患失的想法。

真正想到的、感受到的事情，完全是個人的體驗。既然每個人都是獨一無二的，那麼「自己想到的」跟「別人想到的」就不會一樣。正因為是非常個人的體驗，就很可能無人能理解。

高敏人傾向於深入思考他人不會去思考的深度。而由於和其他人有不同的感覺與觀點，也有些高敏人曾有把自己所想說出口時，卻不為身邊的非高敏人接受、理解的經驗。

如果過去曾經有過這樣痛苦的經驗，那就會更加害怕「直接表現出自己所想」。

然而，若深入挖掘「自己所想」，最終就能夠找到「與許多人共通的想法」。

我想你或許曾經有過這樣的經驗：當閱讀書籍或社群網站上發表的各篇文章，就算領域與作者不同，卻發現最終他們講的是同一回事。

精神科醫師泉谷閑示在他的著作中描述，**當「經驗」深入於個人的內心之中時，該經驗的特殊性或個人要素就會逐漸稀薄，最終會變成一個普世性的領悟。**

泉谷醫師將普世性比喻為地下水脈。在你找到地下水脈之前，途中也會看到綠色的水或是紅色的水。挖掘井水的地點不同（專業性不同），汲取出來的水，顏色就不同。但當你完整挖到最深處的時候，不論你從哪個地方開始挖起，一定會碰到同一條地下水脈，汲取出來的是同樣的水。在這個地下水脈共同流動的，就是普世的真相。

※摘自泉谷閑示著「『普通がいい』という病」（講談社）

以為只有自己這樣，結果試著發文之後，居然得到了認同的回應。在身為「自己」之前，你首先是個「人」。信賴人與人之間共同的部分，靠著自己是「人」而發出訊號，或許就能再往前踏一步，把自己的內心展現出來了。

表現內心想法，是一種自我肯定

「寫這種東西，不會有人懂吧……」

如果你越是這樣想，我越希望你為了「自己」盡情表現看看。

表現，是將自己內心想法化為「可能」的一種行為。對自己沒什麼把握，常常覺得「可以這樣想嗎」的你，要認可自己、告訴自己：「你也可以有這種感覺、有這種想法沒問題的！」

也可以說，**「發出訊號」（表現出來），就是認同自己的想法「可以存在於這世上的一種行為」**。

表現的方法或內容不拘，在現在這個時代站穩腳步活著，把感覺到的事情寫出來，那便是你這個人反映出當前這個時代的表現。每天認真生活著，不失

不必顧慮有多少人會懂，你的深切感受，只要願意表現，一定會找到想聽、有共鳴的人。

本心地書寫的話，就會寫出能打動人心的內容。

高敏人特有的纖細感性，比別人更能感受到痛楚與喜悅。正因如此，面對每天發生的小事，內心也會被觸動，能夠用真切的感受去思考「真正重要的不就是這回事嗎」。

隨著真切感受產生的表現，跟腦子突然浮現的東西不同，有種穩定感。相較於用道理去理解，它是一種心領神會的認同，是用「感覺不錯」這種產生共鳴的形式傳達出去。

由內心深處小心汲取出來的東西，會跨越思考方式或價值觀、感受方式的不同，直接傳達到人們的內心深處。

已經不需要用創作療傷的你

在本書的讀者中，或許也有「以前明明很會畫畫／寫小說的，現在畫／寫不出來了」這樣的人。也就是說，當你原本朝著那樣的方向前進，不過一旦人生有了變化，創作就暫時停止了。

生活境遇決定了創作素材

當你遇到痛苦的事情時，會自然而然投入於「創作一個可以在故事中棲息的場所，來保護自己的心」。

因為現實很苦，所以幻想是必要的。要活下去就必須要有幻想，想像力也因此變得很強。在需求的驅使下，就創造了一個故事來當作避難所。

也就是說，你會藉由創造出來的故事，來理解發生在自己身上的事情；或是為了治療受傷的心靈，而創造出自我療癒的故事。

當一個人投入作為避難所的故事當中時，情緒會很高昂、很開心。心情亢奮，創意源源不絕（又或是故事陸續開展）可以一直寫、一直寫，寫到天荒地老。

這個為了讓自己存活下去而誕生的世界，擁有壓倒性的力量。

但是，當你開始做想做的事、建構起屬於自己的人際關係、走上自己的人生路時，就無法再進入故事的世界裡了。

「過去明明那麼會畫，現在卻畫不出來了。」

「好想再體驗一次寫小說時那種高昂的心情。但是，我已經無法再回到那種狀況了。」

會變成這樣的諮商者們，共同點就是**「人生穩定下來了」**。

已經沒有必要逃避現實，痛苦也已經痊癒到某個程度後，故事（或其他創作）就出不來了。

這是因為，**作為避難所和自我療癒的故事，都已經達成它們的任務了。**

作為避難所或自我療癒用的故事，與在平穩的日常生活中從零開始的創作，這兩者的素材是不同的。前者是用痛苦的經驗做為基礎，而在過著平穩的日常生活時編出來的故事，素材則會來自喜悅、希望或自己覺得「想要感受」的事情。

這是因為，作品會反映出一個人的意志。

好的創作，來自於穩定的日常

面臨從零開始的創作的人，首先要珍惜日常生活的幸福。在安心生活著的每一個日子裡，透過邂逅令你心動的事物，慢慢累積創作的素材。

與受到需求驅使、半自動地轉換到故事的時候不同，這次是你主動、有意識地去探究自己有興趣的領域，然後必須要回到現實。（關於「探究的幸福」，請看第三章）

不論是哪個領域，只要深入思考並利用直覺，在頭腦與心靈產生共鳴的同時，在那深沉之處一定有某種超越個人的東西。

我在建築、詩、攝影作品、充滿氣勢的書法作品裡，會感受到這些創作／作品，是與某種思想或偉大的東西產生連結後，再從中汲取而出的。

那是光是憑個人的思考無法找到的，宛如真理一樣的東西。必須看得很多，經由靈感或是「身體的感覺」這種人類的智慧中得到助力，才能夠抵達的領域。

當你沉潛入那個領域，試著用身心去感受些什麼時，就好像把整個自我都暫時放下了一般。

但正因為有平穩的生活、有還想再見面的人，就像是背後有救命的繩索，可以將你拉回日常生活，也才能潛入更深的地方去探索。

放下比較後，看見自己的獨一無二

在這一章最後，我想說一則有關K先生的故事，他曾經為了創作而十分煩惱。

某一天，二十幾歲的K先生來找我諮商。

K先生是一個上班族，同時也在從事剪紙藝術，在看了其他作者的作品後，覺得「反正我的作品也沒什麼大不了的……」，感到很沮喪。「如果有其他厲害的作者在，那我的存在豈不是沒有意義？從事創作究竟是為了什麼？」他為此悶悶不樂。

透過諮商我發現，K先生被他人的評價所束縛。在剪紙藝術上認為「越複雜越細緻的東西越厲害」，重視優劣分明的基準。

無論在創作上也好、在工作上也好，在他想到「我想這麼做」的下一個瞬間，就是拼命地去想：「該怎麼做才能被人接受，獲得別人的好評呢？」

當他發現這一點的時候，便為自己一直在為了他人而努力的那股堅強與可憐感到心痛，淚水盈眶。

K後來發現，「那個人的作品也很棒，這個人的作品也很棒，只是這樣而已，並沒有什麼優劣之分」。

在諮商完回家的路上，看到電車中的吊掛廣告，覺得比平常的顏色更加鮮豔，看起來也更美了。接著他想起了這件事：**「我喜歡顏色，很擅長感知色彩的細微差異，所以我的剪紙作品也會上色。」**

後來當他看到別人的作品，又開始有「啊，這人真厲害，但相較之下我實在是……」的想法時，他會加以修正：「我正在看一個標準非常清楚的『厲害作品』！」雖然K曾經把入選比賽當作目標，但會開始有「現在的心情並不是很適合，還是放棄吧」的想法了。

跟其他人的作品比較而感到沮喪的情況逐漸減少，他開始學會重視「我是因為開心、自己想做、想看這樣的作品才去做」的心態。

「以前到底是為什麼，會為了創作剪紙藝術而煩惱呢？我到底改變了什麼，才讓我現在可以穩定地創作呢？」K這麼想。

以前有「希望被需要」的想法，這個跟「不論是剪紙還是工作，都要有能力才行」的想法有關。

但是現在K已經不追求「被人需要」，而是覺得「在這裡就好，我希望自己在這裡」，自己被自己需要，於是便不再煩惱。他後來回頭看，認為是這點改變了自己。

K先生後來舉辦了自己的首次個展，辭掉工作成為自由業，目前過著更加珍惜創作作品的生活。

做出自己想看的作品，讓他感到興奮期待，也非常快樂。

第 5 章

CHAPTER FIVE

良心の幸せ

良知的幸福

做自己想做的事，
讓周圍的人展露歡顏

想讓對方高興，也想讓世界變得更好。

高敏人很有良知，很自然的會替身邊的人著想。

工作也好，私人生活也好，都要先滿足自己，

這樣為別人做事的能力也會更大。

希望「每個人都好」的善良本心

高敏人的同理心強，也會仔細思考自己的行為會帶來什麼樣的結果，所以他們很有良知，也傾向於遵守社會的規範。

對高敏人來說，身邊的人的幸福對他們而言很重要。我在接受高敏人前來諮商有關工作選擇的事，他們總是很自然地會想到「希望能讓他人開心，希望世界更美好」。其中還有人思考的是整個地球、人類和平這麼大規模事情。

雖說他們很重視身邊人的幸福，但是「為了身邊的人而忍耐」卻會讓他們喘不過氣來。

高敏人是在「為自己好」與「為他人好」的目的重疊時，最能發揮他們的力量。

那麼，我們就來看看高敏人「良知的幸福」有哪些吧！

- 真誠地面對自己相信的事情。
- 可以從其他人的喜悅中獲得很大的能量。
- 能同時兼顧自己的認可以及對他人的誠實，發揮極大的力量。
- 會思考地球與人類這種規模的幸福與和平。
- 即便獲得親切對待的人不是自己，但只要看到有人對自己身旁的人好，就覺得高興。

高敏人非常有禮、有良知，他們會比別人更快發現正處於困難中的人，並且給予幫助、體貼以對等等，常常待人都很親切溫柔。

而周遭的人似乎也都能感受到「這個人好像很親切」，因此有許多高敏人經常被人問路，其中也有些人「即使在國外也被人問路」。

自己心裡能認同、對他人能誠實，當這兩者都能兼顧時，高敏人就能發揮很大的力量。

舉例來說，從事身體保養行業的人，感覺自己光靠單一流派的技術，對顧客身體狀況的改善很有限，於是學習了各種流派的技術來為顧客實施最適當的療程；或者是從事業務工作的人，為客戶提供無微不至的售後服務，於是客戶口耳相傳地找上門，即便自己不主動去推銷、也能賣出高額商品，類似這樣的情況。

真誠面對自己相信的事情並認真投入，於是自己與客戶雙方都能得到很好的結果。

體貼以對、為人著想，是高敏人的個性，當發自內心的想做「為他人好」的事情，特別能得到好的效果和回報。

延伸良知的幸福① 做自己覺得「好」的事情

高敏人的良知，不只是對身邊的人，對關係較遠的人或是地球環境、動物、植物等各種事物也都會發揮良知。

在工作上，他們不會覺得「只要自己好就好了」，而是很自然地認為「要讓別人開心、希望世界變得更好」。

正因如此，當高敏人想要盡全力發揮的時候，**就必須要做合乎自己良知、自己認可的事情**。

因為真心相信，所以全力以赴

至今我曾經見過各種職業的高敏人，業務員、事務員、工程師、護理師、醫師、教師、藝術家、祕書、傳統工藝職人、公司老闆……等，各種領域都有。**無論是什麼樣的職業，工作得很愉快的高敏人有一個共同點，那就是他們從事的，是自己認為「好」的工作。**

我經常聽到從事業務工作的高敏人說，「如果是自己打從心裡覺得好的商品，就會很有自信地銷售。如果非得要賣自己不喜歡、不能接受的商品，那就很痛苦」。

這乍看之下或許覺得理所當然，但是這世上有很多人，即使面對自己不怎麼喜歡的商品，也會認為「沒辦法，這是工作」，照樣想辦法賣出去。

高敏人的感受能力強，心裡只要有一點點不對勁就無法擺著不管。如果覺得「這個商品我沒有那麼喜歡」、「這東西對客人來說可能沒有必要」的話，銷售的時候，就會覺得自己在說謊、反而產生很大的壓力。

相反的，當他們覺得「我喜歡這個商品」、「這是為客人好」的時候，就會主動製作簡單易懂的商品說明看板，或是一面仔細地掌握顧客的需求、一面跟他們說明，在他們細膩敏感的銷售方式上下功夫，不斷地推銷。

高敏人要在工作上毫無顧忌地發揮能力，就必須要從事他們自己真心覺得「好」的工作。

你看重的，就是你該為之努力的

至於什麼才是「好」，這點就因人而異了。

這個「好」與「不好」與世俗認為的「好」與「不好」，抑或是賺多少錢的「好」與「不好」，或是別人口中說的「那真是件好事」並不一樣，完全端看高敏人自己怎麼看待這個工作，才是真正重要的。

由於聽過許多高敏人的故事，我也曾遇到兩個人對同一件事情有完全相反價值觀的情況。

在雜貨店工作的A，喜歡低價的便利用品或創意商品，他說一面預測後續要發售的新商品「那件商品可能會大賣」然後一面下訂單，是一件很有趣的一情。

但另一方面，在雜貨批發店工作的Ｂ，則是看到低價格的商品大量流通就覺得心裡不舒服。他發現自己的想法是「要珍惜地球資源，想賣的是可以長久使用的物品」，於是正在考慮轉業。

Ａ與Ｂ兩人從事的都是「雜貨」生意，但是兩人的想法完全不同。Ａ覺得賣雜貨很開心，但對Ｂ來說，雜貨卻使他不快樂。這不是孰優孰劣的問題，只是他們各自認為的「好」是不一樣的。

你覺得什麼才是「好」呢？那正反映出你心裡重視的是什麼。

只要你從事自己認為是「好」的工作，每次工作時就會覺得「今天也做了好事，太棒了」，內心自然會感到滿足。

延伸良知的幸福② 別一股腦地爲別人付出

「電車上有個人看起來不太舒服，我就讓座了。」

「同事好像希望我聽他說，於是我便主動開口問他『發生什麼事了』。」

就像上述情況，高敏人對於身旁人的困難總是最早發現，並且會很快地伸出援手。

能夠給別人小小的體貼，是高敏人優秀之處，在職場上也會悄悄地幫助身邊的人。又或者像是「他對我說『謝謝』，讓我也振奮起來了」等等，也有人會把對方的喜悅變成自己的能量。

信任對方「解決的能力」，你可以更輕鬆

但在另一方面，我也會聽到這樣的意見：

「自己都忙不過來的時候，還要一直聽朋友訴說，真是快累死了。」

「部門裡有一堆工作忙不過來，我得身先士卒地去做。總覺得永遠忙不完，週末的時間都拿來補眠休息了。」

如果因為幫助身邊的人而使自己失去餘裕，開始覺得「都是自己在做」而變得很焦慮，這就是你幫別人幫得太多的警訊。

這時候，就該提醒自己**「相信對方的能力」**。

「因為是他，所以總會有辦法的，不用幫太多也沒關係。」如果能意識到這點，你一下子就會覺得生活輕鬆起來了。

每個人對事物的反應速度不盡相同，有些人電話響三聲就會接起來，也有人響十聲才會接；有人會趁早預防風險，也有人實際發生問題才會採取行動。

高敏人因為發現得比別人早，給人的幫助也早，會察覺到「這裡好像不太妙」、「他好像很困擾」，總是在對方求助之前就提前採取行動。

然而這麼一來，對於其他人來說像是「只要在旁守護著，對方就會靠自己的力量度過」、「放著不用管，總是會有辦法的」之類的經驗，必然會少很多。不知不覺間，你就會覺得好像「大家都不會去做」、「不是我來做的話，公司也好、家庭也好，都無法維持下去」。

然而，超乎你意料之外的是，其實對方會有他的辦法。

只要不是與生死相關的情況，就算想搶先一步幫忙也要忍住，優先以自己的承受度為優先。

不要立刻去幫忙，而是在一旁守護著，對方就會發現，那是他自己可以克服的狀況。

靜靜等候才會發現的意外收穫

舉例來說，當你發現朋友似乎有話想要找人傾訴，平常你會主動問他「怎麼了」，但這時候請試著聆聽自己真正的想法，「我自己的事情就已經夠累了，實在沒有心力再聽他說。今天就先不要問他吧」。

於是，朋友就去找別人傾訴了。也許你會發現，不用逞強地把「非得聽他傾訴不可」的事情往自己身上攬，也是可以的嘛！

又或者在職場上忙不過來的時候，焦急地發現還有一堆這個那個非做不可的事。平常的話，即便是加班也會去做，但這次就暫且保留，想著「我自己都忙不過來了，行有餘力再去做吧」，沒想到後來那件事變成不用做也沒關係了。於是你才知道，原來放著不管也會有辦法，諸如此類的。

「原來對方自己也有能力能辦到。」

「沒想到，事情總是有辦法解決。」

實際有了這樣的感受後，你就會覺得生活一下子輕鬆了不少。

請相信對方的能力，而不是緊張地說：「這你不要緊嗎？要不要我幫你做〇〇？」請完全採取「只有事態真的不妙了才動手」、「只有對方開口拜託了才幫忙」的姿態。

只要相信對方，給他溫暖的守護，結果就會發現「事情倒是意外地解決了」，即便不搶先出手「以避免麻煩」也沒事。

如此一來，原本認為「我得想辦法才行」而繃緊的神經得以放鬆，也開始比過去更能看得見旁人的體貼溫柔。

♥釐清自己真正的「責任」

還有一個跟「不用幫別人太多也不要緊」有關的概念，就是「對自己的責任全力以赴，社會就會更好」。

「其實很想辭掉現在的工作，但是自己辭掉之後就會給同事增加負擔，想到這裡就猶豫了。」

「舉辦了HSP的聚會，結果大家的煩惱超乎想像。本來希望是大家開開心心聊天的場合，這樣一來是不是也幫他們做諮商會比較好呢……」

就像上述狀況，高敏人一看到有人陷入困擾，大多就會想「我得做些什麼」。「要是按照自己的意思去做，有人會感到困擾（或有困擾的可能）」這樣的狀況，就特別讓高敏人猶豫。

當你想到「這樣做可能比較好」而不是「我想這樣做」的時候；當你想到「我得這麼做」而不是「我想像那個人一樣」的時候；當你說出「為了大家

好……」的時候，你正在朝偏離自己本意的方向前進。

忍耐著「為了別人」去努力，就會希望要獲得回報。

你會想要別人感謝你，或是「我都做了這麼多，你也該做些什麼吧」，而要求對方也得做些辛苦的事。有時候也會發生像是「我都做到這樣了，你就不能睜隻眼閉隻眼嗎」這樣，把自己的任性妄為正當化的情形。

就算覺得是為了對方好，但自己需要犧牲、忍耐的話，不但做事無法全力投入，跟對方的關係也會產生齟齬。

人都是在做自己想做的事情時，才能把能力發揮到最大。

誠實地面對自己的心聲，往真心「想做」的方向前進。

高敏人來諮商跟工作有關的事情時，讓我深刻感覺到，每個人「想做的工作」真是千差萬別。

那些不適合的工作，或是感覺不太對的事，就交給在這個廣大的世界裡「很想做並且很擅長的人」，而我們就盡全力去做自己想做的事。

不是要成為十項全能，而是去做自己想做的事，同時傳達出自己的想法或特色，讓那些與自己的想法有共鳴的人或需要你這種做法的人，聚集到你身旁來。珍視自己的想法，徹底去做自己想做的事，自然就能夠兼顧到「為己」與「為人」。

我相信，對自己「負責」的事情全力以赴，最後的結果就是會讓這個世界變得最好。

感同身受、過於帶入情緒的時候

在本章的最後，我想談的是對意外事故、刑案或災害新聞的處理方式。

由於高敏人的同理心很強，能深深地理解對方的悲傷或痛苦。也因此，有時候會有下面這樣的狀況：

- 看到意外事故或案件的新聞時，或是看到有災害發生的時候，就算自己不是當事人，也會沮喪好幾天。
- 心裡想著「為什麼會變成這樣」、「現在最新的狀況是什麼」，而持續追蹤新聞，於是就越來越難過。

這種時候，高敏人該怎麼做才好？

以下的三個處理方法，可以幫助你讓這種心情平復並過去——

（1）首先是接受自己的情緒

因為太為那些當事人著想，所以總會聽到「自己不能覺得難過」、「因為自己在安全的地方，所以不能說害怕」等等，要你把感情壓抑下來的聲音。

即便不是當事人，傷心、害怕，無法接受無法理解……等等，湧現各種想法，對一個人來說是很自然的事。

不要勉強去壓抑情感，請你對自己的心情點點頭，說「是啊，真令人難過」，或是對身邊值得信賴的人坦白地的說「發生這種事情真是令人傷心」，也是可以的。

（2）不要讓難過的心情擴大

發生重大意外事故或是案件、災害時，新聞都會同時報導同一件事情。如果看到就覺得難過的話，在自己心情冷靜下來之前，都盡量遠離電視或網路吧！

暫時不去看這些消息，並不等於薄情。只要等心情穩定下來，再去支援或是參與協助方案就好了。

（3）想知道消息的時候，選擇基於事實的情報來源

想知道狀況或想去支援的時候，建議採用以下方法：

- 避開煽動觀眾情緒的節目，或是接二連三跑出消息的網路報導，以平淡地讀出消息的新聞或廣播為主。
- 從NGO（非政府組織）或是NPO（非營利組織）的網頁獲取資訊。

NGO或是NPO等支援團體的網站，都會刊載活動的狀況。如果是發生災害的情況，會隨著「有○名人員進入當地去為災民做飯」、「所需物資已經抵達」等等支援訊息一起報告出來，比起只看當地的狀況會更加令人安心，也可以讓你進一步捐款或是提供自己能做到的支援。

用固定捐款讓善意持續下去

如果可以的話，我會建議在力所能及的範圍內持續捐款。

從數年前開始，我會每月定額捐款給一些NPO和NGO團體。開始的原因，是從一位對災害支援工作相當了解的人那裡聽說，「災害發生後，會有很

多義工進入當地，並且會匯集許多捐款。然而一旦時間經過，捐款數量就會一下子減少許多，但他們其實很需要長期的支援」。

最近，捐款的形式也很多樣。像是把舊書或名牌商品義賣所得捐給NPO、在繳納故鄉稅[01]時透過地方自治單位捐給一些支援團體、透過群眾募資解決社會問題等等。

像我自己是註冊成為支援團體的「每月捐款會員」（每個團體有不同稱呼），用信用卡每月自動扣款來定額捐款。

自從我開始持續捐款後，每當災害或是令人心痛的事件發生時，那種「我非得做些什麼才行」的焦慮感就減少了，也算是一種意料之外的收穫。

當你想著「非得做些什麼才行」，也就是處在一種「我明明可以做些什麼，卻還沒去做」的心情。但當你已經在做你能做的事，即使只是一點點，這種實際的感受也會降低你的焦慮感。

目前我已經固定採取「平日定額捐款，災害發生時就等心情穩定下來後再額外捐款」這樣的模式。

剛開始捐款的時候，我只有「講到捐款就是捐給紅羽毛共同募捐[02]吧」這一點淺薄的認識，完全不知道哪裡有什麼樣的勸募團體。但是在讀了各團體代表所寫的書，以及社群網站上發的文章後，我開始一點一滴了解到他們所要面對的問題以及各團體的努力。

面對這些社會問題該如何處理，每個團體所努力的內容各不相同，也有著各自的特色。

比如「在單親家庭的孩子升學時支付祝福金」、「接受正處於困難中的當事人的電話諮商」等等，有些團體會直接援助當事人，也有些特定團體是在網路上發出消息，統整建言之後去遊說政治家請他們立法改善。

除了捐款之外，還有連署或是分配支援物資的義工等等，提供援助的形式可以說是各式各樣，試著找出適合自己、不勉強自己的方法。

01 ─ 編註：日本政府為平衡城鄉稅收差異設計的特殊稅制，讓納稅人指定要捐款的地方政府單位與款項用途，以扣抵個人所得稅與居住地的住民稅，並獲得地方單位提供的當地名產或禮品。

02 ─ 編註：日本每年十至十二月舉辦的全國募捐活動，最早是為了重建戰後的社會福利設施，現則用於各類社會福利事業。

CHAPTER SIX
共感の幸せ

第6章

共鳴的幸福

不執著於「互相了解」，與各種想法不同的人一同歡笑

高敏人會很慎重地理解對方的感覺，
由於傾向於尊重對方、為對方著想，
因此大多數都很擅長傾聽。
而能讓他們產生共鳴的，
不只是「人」，也包括物品與場所。
因為接觸到有深刻共鳴的人、物、場所等，
也促進了他們活出自我的風格。
在人際關係上，放下「想互相了解」的想法，
就能跟對方結成更良好的關係。

移情作用高、完全理解他人的天賦

高敏人的特性之一，就是他們有很強的共鳴力。

比起非高敏人，高敏人的鏡像神經元（促使產生共鳴的神經細胞）的活動較為活潑。如果對方好像很開心，自己也會覺得開心；對方沮喪的時候，自己也會陷入憂愁。相較之下，他們更容易受到周遭他人的情緒影響。

在我的諮商經驗中，高敏人不只是對人或動物，對於物品或場所也有深刻共鳴。

高敏人透過共鳴而獲得的幸福，大致如下——

- 看到對方很開心的樣子，自己也會覺得開心。
- 看到和樂的親子同行、感情穩定的情侶等，就覺得心裡暖暖的。

- 看電影時會有強烈的移情作用，就像自己也是電影中的人物一樣，徜徉在電影的世界裡。
- 心靈會因為美術或音樂而受到震撼。
- 對物品有共鳴（看到手工藝品等，就能對該作品的世界產生共鳴）。
- 對場所產生共鳴（身處於文化遺產這類被好好照顧珍惜的建築或地點，心裡就覺得平和；在各種活動等和樂融融的氣氛裡覺得很享受）。

讓人安心的傾聽角色

雖然有個人差異，但高敏人大多都擅長傾聽。在職場中，總有人找他們商量事情，在朋友間也很容易成為傾聽的角色。其中，還有人會遇到「其實不太熟的人也來傾訴煩惱」的情況。

這並不是由於談話技巧高超使他們善於傾聽，而是他們能深入理解對方所說的話，真心真意地豎耳傾聽、尊重對方。正是這樣的纖細感性，為他們帶來這樣的能力。

即使面對價值觀迥異的對象，他們也不會輕易否定，他們會一邊想像著這些話的背景，一邊想著「也是有這樣的想法呢」、「這樣也不錯」，能夠大方地聽對方說。在傾訴的人看來，不但覺得可以放心地說話，也感覺到對方能夠接納自己。

可以說高敏人的傾聽能力，就足以成為幫助身旁人的助力。

讓心不累的傾聽方式

雖然前面提到高敏人很擅長傾聽，但如果覺得「聽別人講話好累」的時候，還請你回頭想一下：自己是否真的想聽對方說話？還是說，是出於義務感，覺得「必須聽他講」呢？

傾聽他人前，先聽自己的心聲

談話之後精神會變好，那是在彼此都「想說、想聽」的時候。是因為聽與說的角色可以互換，「講了有人聽，聽了後再講」，所以才會得到滿足。

如果你心裡真正的想法是「我沒這麼想聽」，那就不是能夠進行「愉快傾聽」的狀態。

因為是人，總會有身體狀況跟能力範圍的問題，一直聽那種「只是自己想說，卻不想聽對方說」的人單方面講話，光是傾聽就會覺得很累。

所以，高敏人在傾聽之前，要先確認自己真正的想法：「現在，想聽這個人說話嗎？」

真的不想聽、覺得討厭的時候，與其尋找好的傾聽法，不如把力氣放在盡量別被對方發現你沒有很想聽，或是萬一被發現的時候也可以快速脫身的方法。如果你身邊有很懂「中途退場」的人，可以好好的觀察並模仿他喔！

或者是，不妨直接告訴對方：「我現在的狀況沒辦法聽你說話，抱歉。下次再說。」又或者心裡想著：「聽這個人講話很辛苦，找機會快逃！」也是可以的。

擅長傾聽是高敏人的強項，但你的強項，要基於自己的意志使用。

對自己、對他人都不勉強的傾聽法

雖然「只在自己想聽的時候傾聽」是基本原則，但也總有躲不過的時候。這時候，要如何才能不否定對方又可以讓自己輕鬆一點的傾聽方式呢？重點就在利用「理解」，而非同意、共鳴。

面對對方的話語，可以想著「是嗎？原來對他來說是這樣啊」、「原來這個人現在正在想這件事啊」，**以認可「這對對方來說是事實」的態度來傾聽。**

雖說是「認可」，但也不用想得太嚴重，其實只是用「（原來對你來說是）這樣啊」來回應對方的話，就像一直重複按按鈕一樣。

「嗯嗯」、「原來如此」、「這樣啊」用這種中立的附和，不肯定也不否定，表現出「我有在聽哦」的溫暖態度。

（順帶一提，我在諮商的時候，基本上也是用「咦」、「嗯嗯」、「原來如此」、「這樣啊」這樣的感覺在傾聽）

當你企圖對「自己並不這麼認為」的事情表達同意或共鳴，就是在勉強自己扭曲原本的想法，傾聽時反而會增加負擔。

但當你認同的是「對你來說是這樣啊」，就是與對方的想法保持了一段距離，便能不予否定地聽下去。

「這樣啊」的按鈕一直按下去，放鬆心態地聽下去的話，對方也會打開心房，而把他說這些話背後的理由告訴你。

如果明白了對方的狀況，你就會很自然地覺得「原來如此，那確實會這麼想」而產生共鳴，那時候再坦白地說「那真是辛苦你了」，把自己的心情表達出來就可以了。

共鳴，是人類自然湧現的心情。並不是「非得有共鳴不可」這種可控的東西。開始懂得使用「這樣啊」的按鈕後，就不需要勉強自己去產生共鳴或同意對方，便能溫暖地傾聽對方的話了。

共鳴的能力，首先要用在自己的幸福上

我想告訴高敏人的是，**你所擁有的共鳴能力，要先運用在自己身上。**

正因為高敏人很容易察覺別人的心情或狀況，所以懂得體貼對方。不過，如果只是一味地照顧對方的話，對於你和他人的相處會造成負擔。

高敏人本來就是能察覺周圍人的溫馨互動並為之喜悅的人，正因如此，當你覺得「跟這個人相處很辛苦」的時候，就要跟對方保持距離。你要跟相處時會令你感覺精神愉快、可以放鬆心情的人在一起。

有點小任性地以自己為優先是很重要的。

或許會有人想問，「如果以自己為優先，會不會對他人造成困擾不便？」這一點，請你放心。

對於高敏人來說，自己滿足了，內心就穩定了，可以用不同於以往的出發點來體貼他人。

不會因為不安、而產生「……非幫不可」的想法，而是在心安理得的情況下覺得「我想幫……」才去採取行動。

「只是因為自己想這麼做，所以才做。如果對方開心，我也會開心；如果不開心，那也不要緊」，當高敏人以自己為優先之後，可以發揮這種不求回報的溫暖體貼。

並且，由於高敏人共鳴力強，所以並不會認為「自己幸福就滿足了」。

原本在煩惱的時候都以自己的話題為中心的諮商者，在恢復元氣之後，開始會談起「想運用自己的力量幫助家人」、「想為與自己有同樣困境的人出一份力」，眼光會開始投向社會問題，這也是常有的事情。

在治癒世界之前，先治癒自己

當我接到關於工作選擇的諮商時，常常會遇到這樣的人：「常有人找我商量事情，或許我可以當一個諮商師。可是我聽了別人的煩惱，心情就會沮喪陰鬱。」

高敏人的共鳴力強，容易理解對方的心情，因此自己的感受必須由自己掌舵。人生中有以下三個時期：

（1）治療痛苦的時期。

（2）歸零的地點。

（3）探究愛與喜悅的時期。

人生有高有低，人會由1往3前進，邁向幸福的人生。

當自己懷抱痛苦的時候，也容易察覺別人的痛苦，比較容易接近。但是當痛楚痊癒，通過歸零的地點（深刻的煩惱幾乎都消除了）後，開始用自己的方式繼續往前走，就開始會覺得留在痛苦的世界裡好像哪裡不對勁。

自己曾經的煩惱變成遙遠的往昔，對現在懷抱痛苦的人就無法發自內心的接近了。

過去能感受到別人痛苦的人，如果在心裡的某處覺得「我已經悲傷夠了」、「別人的煩惱，我已經聽飽了」，就請你把心思放在自己的幸福上吧！

由於自己有過痛苦的經驗，可能一時之間會看到身旁人的痛苦，但其實你喜歡的還是快樂的、開朗的事物，也有跟你合拍的人。這樣的人並不適合在諮商業中負責為人消解痛苦煩惱的諮商工作，適合的或許是更能發揮表現的指導教練工作。

珍惜自己的幸福，並不等同於拋棄現在正在受苦的人，你大可以放心地用充滿喜悅的心情，先去追求自己的幸福生活。

不被他人的痛苦拖累，坦誠地把眼目標放在自己想感受的事物、想做的事情吧！

先讓自己幸福喜悅，才有辦法接住其他人的痛苦。

對工作自然不用說，對興趣或家事也是一樣，因為想做而做，就能使身旁的人幸福。因為喜歡所以去做，這樣的人，他們工作的姿態是非常仔細、認真且充滿創意的，看他們工作時活力充沛的樣子，就會感覺非常舒服。

最重要的是，從事喜歡的嗜好或家務等自己想做的事，內心就會充滿了滿足感。因為自己幸福，自然也就能夠溫柔地對待家人或身邊的人。

自己幸福，回過頭來也能讓身旁幸福的人跟著增加。

自己的感受由自己掌舵，自己讓自己獲得幸福，就能最大限度地讓世界變得更好。

爲什麼你「不擅長閒聊」？

對於共鳴力強的高敏人來說，他們比一般人更看重與自己周遭人等的溫馨交流。

面對在職場的同僚或是有同齡孩子的媽媽們，高敏人都希望能和對方當好朋友；但另一方面，他們卻也「很不擅長閒聊」，常聽到他們說「跟身旁的人話題都不合，很寂寞」、「大家都覺得有趣的話題，我卻都不感興趣，無法融入他們聊得起勁的話題」。

難以閒聊的三種原因

對閒聊很不擅長的情形，可以分為幾種模式。

（其實，不用勉強自己硬要跟別人閒聊也沒關係，以下內容是給「真心希望學會如何閒聊」的人閱讀的。）

（1）其實跟那個人處不來

當你覺得其實跟那個人處不來，或是覺得就算聊天也搭不太上線，這時你真正的想法，可能是**「對對方沒什麼興趣，也不想扯上關係」**。

當你發現在職場上的同事中，有很多自己處不來的人，說不定是因為職務本身並非是你真正想做的工作。像是很喜歡跟人說話、也很適合做業務或接待客人的人，認為自己「不擅長細節作業」卻做著辦公室的工作，結果跟辦公室的同事們話不投機，反而跟業務人員交情較好，也是有這樣的情形。**當你在做自己不擅長的事情時，就容易跟周遭的人價值觀不合。**

遇到這種情況，與其勉強自己配合，還不如跟其他部門中你比較想來往的人談話，或是找個可以無須顧忌一個人休息的地方等等，找出可以讓自己放鬆的方法。

（2）想聊深入的話題

當你「想聊深入話題」的念頭很強烈的時候，你對那些閒聊便感覺不到意義，有時就會覺得很討厭。

高敏人對事物的感受很細密，感受的量也很大，而且習慣深入思考，所以身旁有同樣感覺的人通常就比較少。

與其跟許多人閒聊，他們更想與少數人深談，在工作的休息時間裡，比起談論電視的話題，他們更想討論業務的改善點；常常發生即便看的是同一部電影，也只有自己一個人特別投入劇情之類的狀況。

之所以會話不投機，並不是自己或是旁人的錯，有時只是「思考的深度不同」、「感受的方法不同」而已。

就像有的人個子高，有的人個子矮，思考到什麼樣的深度才是「恰到好處」這點，也有個人差異。這並不是孰優孰劣的問題，只是大家不一樣而已。

這不是哪個好或是哪個壞，單純只是不一樣。如果說身旁的人是熱帶魚的話，那麼自己就像深海魚一樣。

如果你覺得「跟旁邊的人話不投機很寂寞」、「閒聊根本就沒有意義」的話，那就先去找找同樣是深海魚的夥伴吧！做想做的事，或是透過社群網路發出訊號（PO文），去尋找可以跟你深入談話的朋友。

在工作上也好，生活上也罷，如果你能找到一個可以跟你深入談話的對象，內心就會得到滿足，也會開始覺得「偶爾閒聊也不錯」。

（3）「就算講自己的事也沒人能理解」，所以自我防衛

之所以不擅長閒聊，有時候不是因為話題的內容，而是因為「感覺不到與對方有心靈相通」，而在對話中產生了寂寞的感覺。

在成長環境中經常自我否定，或是很少有被深入理解的經驗時，不知不覺間就會形成「就算講自己的事也沒人能理解」的認知。

如果沒有「想到什麼就講什麼也無妨」的感覺，就會變成遷就對方、被動地回應，覺得總是無法說出真心話，或者變成單方面的傾聽、很無聊。不要說

從談話中獲得能量了，還會增加負擔。

這種情況的話我會建議，**就算你腦子裡浮現那麼一點「無所謂的小事」，也都試著說出來看看**。就算對對方沒有幫助，也沒什麼笑點，都請試著說出腦子裡浮現的事情。

「（雖然成長的環境中不被接受，但）原來這世上，把你想的事情說出來也會有人接受的」、「人其實是很體貼的」，一旦培養出這樣的感覺，你與他人接觸時的防衛心就會慢慢地放鬆。

從「光是聽」變成「聽＆說」，閒聊會變得比以前更有趣。

符合（3）這一點的人，請務必找到能和你心靈相通的對象。

只要能找到一個可以說真心話的對象，或是可以深入交談的對象，你就會明白「與人心靈相通的感覺」。

於是，即便只是一句「今天好冷喔」這樣的交談，也會讓你暖心起來。即便是沒有興趣的話題，只要看著對方說得眉飛色舞的樣子，你就會覺得「啊！原來這個人喜歡這樣的東西呀」、「好像不錯呢」。

因為你知道，這與話題的內容或深淺無關，而是心靈的交會。

能夠一點一滴說出自己的心情，也懂得理解接納對方的心情後，與別人相處的時間就會變得更快樂了。

做自己想做的，邂逅「人生的同學」

那麼，要怎麼樣才能找到能說真心話的、意氣相投的人呢？

第一個辦法就是「發出訊號」，這是藉著發表自己的想法，讓同伴找到你的方法。（詳細請看第四章）

另一個辦法就是從小事做起，做你自己想做的事。相對於發出訊號的「讓同伴找到自己」，這是「自己去尋找」的辦法。

一旦開始做自己想做的事，自然會邂逅與自己意氣相投的人。

在這裡說的「意氣相投」，不單是「有相同興趣」的意思，而是**遇見值得珍惜的事物以及人生階段都很相似的人**。

例如開始做瑜伽之後，那裡有跟你一樣重視身心的人。

參加高敏人的聚會時，那裡也有很多同樣想要認識其他高敏人朋友的人。

開始從事副業後，即便工作內容不同，也會遇見因為想做自己喜歡的工作而開始努力的人。

去你想去的地方、做你想做的事，如此即便年齡與頭銜不同，也能邂逅可以深談的「人生的同學」。

心靈相通的人，接二連三來報到

就算現在覺得「沒有心靈相通的人」，也不要緊。

在偌大的世界裡，一定有與你心靈相通的人。

這是我看諮商者時感覺到的，只要你找到一個心靈相通的人，之後就可以找到兩個、三個……。

找到一個心靈相通的對象之後，就能推翻過去「沒有人跟我心靈相通」的前提，變成「有」了。

以「有」的前提與人來往後，就會發現「啊，原來這裡也有（心靈相通的人），那裡也有！」

「即使跟朋友說話也覺得溝通不良，沒有能說心裡話的人……」，曾經這麼說的一位高敏人，後來認識了一位能深談的年長友人，隨著兩人友誼加深，最後也終於成了伴侶。

還有一位高敏人，從國中時期就不太能融入朋友熱烈談論的話題，覺得「是不是自己的想法哪裡怪怪的」，但當他在部落格中表達出自己纖細的感性後，便找到志同道合的朋友了。

在這偌大的世界裡，一定有跟你心靈相通的人，不是一個或兩個，而是為數不少。

發出訊號，或是去你想去的地方，看到「好像不錯」的人就跟他們說說話。重視自己真實的想法，邂逅的機率就會提高，在這個廣闊的世界請你多多出去尋找邂逅吧！

用深刻的共鳴找回初心

高敏人的共鳴能力不只在人的身上，也會發揮在物品跟地點上。以深刻的共鳴為線索，人生就能朝著屬於自己的方向前進。

為了說明這一點，我們再重新看看什麼叫做「共鳴」。共鳴是透過溝通發生的，而我認為溝通有層次之分。

溝通的四種層次

平常的我們，特別是在職場中，是用大腦的世界在溝通。業務報告、聯絡、商談等，都是為了某種目的所做的交流，是用大腦做出理性思考，帶著折衷妥

溝通的層次

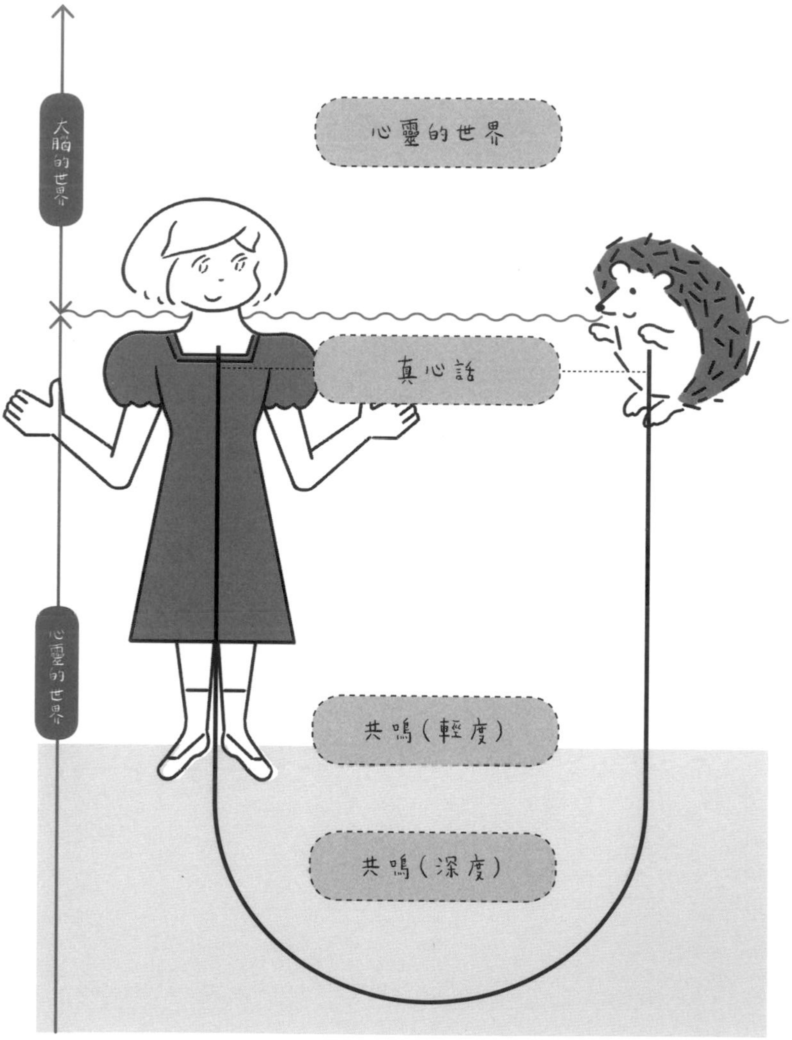
大腦的世界
心靈的世界
心靈的世界
真心話
共鳴（輕度）
共鳴（深度）

協的溝通。

而在大腦的世界之下，還有心靈（身體）的世界。通常我們會說「敞開內心說話」，真心話不是在大腦、而在是心靈（身體）的世界裡。

在心靈的世界裡，比真心話更深一層的是「共鳴」。「覺得好像不錯」、「讀這個人的文章就覺得能振作精神」，先有這樣輕度的共鳴，然後再往下就是超越個人領域的深度共鳴。

例如當你欣賞藝術作品時，感受到跨越時代與文化的那種感動一樣，是觸動心靈深處的共鳴。

深度共鳴

深度共鳴可以在各種事物身上感覺到，就是像音樂、器皿、繪畫等等，「接觸到那個世界就讓人心情平靜下來」的東西。

是一種比起淺層的「不錯」，還要更深度共鳴的感受。

看過、聽過或拿到手上，大腦的思考便能冷靜下來，呼吸也會變得更深層。讓你能告訴自己「是的，就是這樣」，表現得更加鎮定從容。

音樂也好、物品或場所也好，能夠引發深度共鳴的，就表示那是自己生命中所重視的事情，也是你人生的羅盤指引。

對某些人來說，可能是鄉下的旅館。置身於寶貴的寧靜空間裡，就會讓他覺得這是自己的主場。

而對有些人來說，是包包。擁有職人氣質的人，觸摸到高品質的東西時，就會覺得「希望自己也是這樣」。

碰到喚起深度共鳴的東西，或是身處於那個場所，就會想起對自己真正重要的是什麼。

即便被每日的忙碌推著走到快要失去自我，也能用深度共鳴，喚起自己的本心。

執著於「互相了解」，會陷入控制的痛苦

到此為止，已經說明了自己選擇「有感的」東西的重要性，以及如何找到心靈相通的人。而最後，我想談談不要執著於「互相了解」，學會接受彼此的不同，為這一章做一個結尾。

在職場也好，對朋友或伴侶也好，建立感覺舒適的人際關係，重點就在於「讓自己和對方都自由」。

跟對方吵架的時候、溝通很痛苦的時候，說不定那個根源就在於「想要互相了解」。雖然說是「想互相了解」，卻常常會變成「希望對方跟我有一樣的想法或有同樣的感覺方式」。

放下對「互相了解」的執著的話，跟思考方式或感覺不同的人，也能建立

良好的關係。

互相了解，也就是彼此理解、彼此共鳴，對於獲得能量來說，是很重要的事。但是，要跟所有的人都互相了解是不太可能的，即便是家人或朋友，也無法了解彼此的一切。

一旦「想互相了解」的想法太強，往往會受對方擺布，或是覺得「為什麼你就是不懂」而有煩躁、憤怒的感覺。

當你覺得「希望對方了解所以說了很多次，但他還是不懂」的時候，請你把目的從「希望他了解」轉換成「提供消息」吧！

不是「希望對方了解」、「希望對方接納」，只要放下顧慮，告訴對方「我是這麼想的」就好。

「希望你明白」、「希望你有共鳴」、「希望你接納」等等，都是對對方的控制。當你想要改變對方，就會招來反彈。

表達出自己的想法，或是說出希望對方怎麼做，這都還在自己的領域。而表達出來的事情，對方是否能有共鳴、是否能接納，那就是對方的領域，那是由對方自己決定的事。

表達出「我是這麼想的」，有時候對方能理解，但也有時候對方不能理解。無論如何，兩者都好。

能與思考方式不同或是有不同感覺的人建立起不黏膩、乾脆俐落的關係，就能遇見更多的人。

接納的力量，讓高敏人的世界更開闊

透過諮商，我開始感受到接納「差異」的力量。

「我懂，我也這麼認為。」

有人這麼對你說也是很好的，但那就是「我跟你一樣」的意思。

如果所有的發言和想法都能得到同意或是共鳴，那就像和自己說話似的，跟自言自語一樣。再怎麼跟對方說話也無法走出自己的圍牆，無論到哪裡都還是一樣寂寞。

「是嗎？雖然我不太明白，不過原來對你來說是這樣啊～」

當差異就這樣形成，讓你接觸到人類所擁有的那顆溫暖的心，也就是體貼、接納差異的肚量時，世界就會變得開闊起來。

當你感覺「這個人正在試圖理解我」，那對方所說的話便能夠打動你。

「你是這麼感覺的呀」，暫時這樣被理解之後，害怕自己的想法或感受方式被拒絕的恐懼消失之後，才能夠真正傾聽與自己不同的意見。

在接受差異後，你所傳達的「我是這麼認為的」、「我認為應該也有這樣的想法吧」等等的話語，也才能讓對方明確的了解。

對方會突然發現，原來除了自己的想法以外，還有各種不同的想法，而那些想法也有可能是很好的想法。

結語

先找到和自己的連結，就能與世界連結

豎耳傾聽自己的心，會與自己連結。

感受天空之美，會與天空連結。

感受人的溫柔，會與人連結。

所謂「感受」，是將感受對象的一部分融入自己之中，我想這也就是「連結」的意思。

感受的重心朝向自己內心或身體的感覺，與「自己」連結時，會有一份寧靜的安心感在心頭擴散。

忙碌的日子裡，細膩敏感的天線雖然容易捕捉到周遭發生的事情，但還是要先與自己連結，再以這樣的自己與周遭連結，這會成為感受幸福的基礎。

在寫這本書時候，我又重新再次感受到，「敏感」是與自己共生共存的東西，讓我有比旁人有更多的感受，更深的思考與玩味。**這份細膩敏感，對高敏人來說，是構成自我的重要部分。**並不是用來當作武器或工具來「利用」，而是抱著「感覺到什麼都可以、都不要緊」的心態，與之共同生活，自由自在地成長。

從不斷被要求效率更高或生產力更好的生活方式，轉換到「天空真美」、「這飯真好吃啊」、「發呆放空的時光感覺真棒」，這種充分品味每天的快樂的生活方式。

若本書能為讀者帶來幸福，我將十分歡喜；在此衷心感謝過去遇見的高敏人們，從與各位的談話中，我領悟到人類擁有的許多溫柔與堅強，謝謝你們。

對我說「高敏人的煩惱已經有許多書籍提及，但我想了解的並不是如何消除煩惱，而是消除煩惱之後的事情」的吉田編輯、為本書繪製美麗插畫的插畫家北澤先生、設計師小川小姐，以及總是守護著我的家人，我由衷地感謝你們。

寫於晴朗的東京。武田友紀

參考文獻

- 《高敏感族自在心法：你並不孤獨，只是與眾不同》，伊蓮・艾融著，生命潛能出版社
- 《「普通がいい」という病》，泉谷閑示著，講談社
- 山口由起子官方部落格「ララマル」：https://ameblo.jp/yamaguchiyu/
- 《孩子，你的敏感我都懂》，伊蓮・艾融著，遠流出版社
- 《HSCの子育てハッピーアドバイス》，明橋大二著・太田知子繪，1万年堂出版
- *Wellbeing: The Five Essential Elements*，Tom Rath/ Jim Harter，Gallup Press
- 《「敏感すぎる自分」を好きになれる本》，長沼睦雄著，青春出版社

＊以原文標示者，暫無台灣譯本

高敏人的優勢練習課：認同自己的「敏感力」，發揮內在力量的天賦使用說明 / 武田友紀著；張婷婷譯．-- 二版．新北市：幸福文化出版社出版：遠足文化事業股份有限公司發行，2024.05
面；　公分
ISBN 978-626-7427-36-1(平裝)
1.CST: 神經質性格 2.CST: 生活指導

173.73　　　　113003061

好生活 020

高敏人的優勢練習課

認同自己的「敏感力」，發揮內在力量的天賦使用說明

今日も明日も「いいこと」がみつかる「繊細さん」の幸せリスト

作　　者：武田友紀
譯　　者：張婷婷
責任編輯：賴秉薇
內文設計、排版：王氏研創藝術有限公司
封面設計：朱疋

總 編 輯：林麗文
主　　編：高佩琳、賴秉薇、蕭歆儀、林宥彤
行銷總監：祝子慧
行銷企劃：林彥伶

出　　版：幸福文化／遠足文化事業股份有限公司
地　　址：231 新北市新店區民權路 108-3 號 8 樓
粉 絲 團：https://www.facebook.com/happinessbookrep/
電　　話：(02) 2218-1417
傳　　真：(02) 2218-8057

發　　行：遠足文化事業股份有限公司
（讀書共和國出版集團）
地　　址：231 新北市新店區民權路 108-2 號 9 樓
電　　話：(02) 2218-1417
傳　　真：(02) 2218-8057
電　　郵：service@bookrep.com.tw
郵撥帳號：19504465
客服電話：0800-221-029
網　　址：www.bookrep.com.tw

法律顧問：華洋法律事務所蘇文生律師
印　　刷：中原造像股份有限公司
電　　話：(02) 2226-9120

二版一刷：2024 年 5 月
定　　價：360 元